AUGUSTUS

MEINE TATEN

RES GESTAE DIVI AUGUSTI

nach dem
Monumentum Ancyranum,
Apolloniense und Antiochenum

Lateinisch-griechisch-deutsch
Herausgegeben von Ekkehard Weber

ARTEMIS & WINKLER

Auf dem Titelblatt: Cistophor des Augustus. Geprägt: Pergamon
oder Ephesus 19–18 v. Chr. Staatliche Münzsammlung München
Nachzeichnung von Peter Schimmel

CIP-Titelaufnahme der Deutschen Bibliothek

Augustus (Imperium Romanum, Imperator):
Meine Taten: nach d. Monumentum Ancyranum,
Apolloniense u. Antiochenum; lat.-griech.-dt.
= Res gestae divi Augusti
Augustus. Ed. Ekkehard Weber.
6. Aufl. – Düsseldorf; Zürich: Artemis und Winkler Verlag, 1999.
(Sammlung Tusculum)
Einheitssacht.: Res gestae
ISBN 3-7608-1511-1
NE: Weber, Ekkehard [Hrsg.]

6., überarbeitete Auflage
© 1989, 1999 Artemis & Winkler Verlag,
Düsseldorf/Zürich
Alle Rechte, einschließlich derjenigen
des auszugsweisen Abdrucks, der fotomechanischen und
elektronischen Wiedergabe, vorbehalten.
Satz: Sellier Druck GmbH, Freising
Druck und Verarbeitung: Friedrich Pustet, Regensburg
Printed in Germany

INHALT

Vorwort   6

Text und Übersetzung   10

Einführung   46

Einzelerläuterungen   54

Belegstellen   95

Literaturhinweise   136

Verzeichnis der Eigennamen   138

VORWORT

Im Jahr 1555 entdeckte eine Gesandtschaft des späteren römischen Kaisers Ferdinand I. an den Sultan Suleiman II., die unter der Führung des Flamen Giselin van Busbeck und des Bischofs von Erlau (Eger), Antonius Verantius stand, in Angora, dem heutigen Ankara, an den Wänden eines antiken Bauwerks eine umfangreiche lateinische und griechische Inschrift, die ersterer sofort richtig als eine Kopie des berühmten *Index rerum gestarum* des Kaisers Augustus erkannte. Das Gebäude selbst erwies sich als ein Tempel der Göttin Roma und des Augustus, war also ein Beleg für die bekannte Tatsache, daß Augustus für sich zu Lebzeiten in Rom zwar göttliche Ehren abgelehnt, seine Verehrung in den östlichen Provinzen des Reiches jedoch gestattet hatte, sofern damit der Kult der *dea Roma* verbunden bliebe. Es erschien durchaus angemessen, dieses Heiligtum in Ancyra, der alten Hauptstadt der Provinz Galatien, mit einer Abschrift seines Taten- und Leistungsberichtes zu schmücken, und so wurde der lateinische Text in je drei Kolumnen an den beiden Innenseiten der Vorhalle eingemeißelt. Da man im Osten aber hauptsächlich griechisch sprach, war zusätzlich eine Übersetzung an der rechten Außenwand des Tempels angebracht worden. Der Tempel selbst war später in eine Kirche umgewandelt worden und so erhalten geblieben; seit dem 15.Jh. gehört er, jetzt freilich zu einem Museum ausgestaltet, zum Bereich der Hacı Beiram-Moschee in Ankara.

Da von der Originalabschrift, die einst auf Bronze-

6

tafeln vor dem Mausoleum des Augustus auf dem Marsfeld in Rom aufgestellt war, keinerlei Reste auf uns gekommen sind – auch die unter Mussolini durchgeführten Grabungen brachten kein Ergebnis –, mußte es ein besonderes Anliegen sein, möglichst vollständige und gesicherte Abschriften des *Monumentum Ancyranum,* dieser »Königin der antiken Inschriften«, wie sie Theodor Mommsen einmal genannt hat, zu erhalten. Leider haben die ohne Mörtel aufeinandergeschichteten Steinquadern im Lauf der Zeit mancherlei Beschädigungen erfahren, so daß der Text an vielen Stellen teilweise recht umfangreiche Lücken aufweist.

Bereits 1821 waren im alten Apollonia in Pisidien (Uluborlu) geringfügige Reste einer allerdings nur griechischen Abschrift bekanntgeworden, und 1930 konnten weitere, umfangreichere Bruchstücke gefunden werden; das *Monumentum Apolloniense.* Es war einst in sieben Kolumnen an einer großen Basis angebracht gewesen, die Standbilder des Augustus und seiner Familie getragen hatte. Damit war der griechische Text vor allem im Mittelteil nahezu vollständig geworden; Rückübersetzungen ermöglichten darüber hinaus auch die Sicherung mancher Ergänzung im Lateinischen. Schließlich wurden bei Grabungen 1914 und 1924 in Antiochia in Pisidien (Yalvaç) etwa zweihundertsiebzig Splitter einer dritten, ausschließlich lateinischen Kopie gefunden. Wenn sie auch allesamt recht wenig umfangreich sind, haben sie doch Bedeutendes zur Herstellung des ursprünglichen Wortlautes beigetragen. Wo dieses *Monumentum Antiochenum* einst angebracht war, läßt sich nicht sicher bestimmen; man vermutet den Sockel eines Reiterstandbildes des Augustus oder den Durchgang eines Prunktores. Durch diese drei Ab-

7

schriften, im Verein mit einer bewundernswerten Gelehrtenarbeit, erscheint der Text der Res gestae divi Augusti wohl im wesentlichen als gesichert.

Der im vorliegenden Büchlein gebotene Text entspricht der derzeit führenden wissenschaftlichen Ausgabe von H. VOLKMANN, Res gestae divi Augusti, Berlin 1969³; da es sich stets nur um unsichere Varianten handeln kann, habe ich bewußt darauf verzichtet, andere oder eigene Ergänzungsversuche zu einzelnen Stellen anzuführen. Wer darüber oder über den Erhaltungszustand etwa einzelner Buchstaben Aufschluß gewinnen will, sei auf diese Arbeit von H. Volkmann verwiesen.

Der lateinische Text setzt sich aus dem Monumentum Ancyranum sowie den Resten des Antiochenum zusammen; Ergänzungen nicht erhaltener Stellen stehen in eckiger Klammer. Nicht angeführt werden die auf dem Stein gesetzten Paragraphenzeichen und die Apices über langen Vokalen. Da in manchen älteren Arbeiten nicht nach den Kapiteln zitiert wird, habe ich die Kolumneneinteilung des Ancyranum beibehalten und jede fünfte und zehnte Zeile angemerkt. Das mag auch jemandem, der in unserer das Reisen so erleichternden Zeit vor dem Original in Ankara steht, das Auffinden bestimmter Stellen erleichtern. Ähnliches gilt für den im Anschluß angeführten griechischen Text, der sich aus dem Monumentum Ancyranum und dem Monumentum Apolloniense zusammensetzt. Vermutungen über den Verfasser dieser offiziellen, gewiß schon in Rom für die Anforderungen des griechisch sprechenden Ostens angefertigten Übersetzung müssen unbewiesen bleiben, so sehr es auch verlocken würde, sie Polybios, dem Freigelassenen und Sekretär des Augustus selbst zuzuschreiben.

8

In den Erläuterungen wird neben der Darlegung der historischen Ereignisse besonderer Wert auf die Sacherklärung gelegt. Daß eine große Anzahl von antiken Zeugnissen – Schriftstellerzitate, Inschriften und Münzlegenden – im Originalwortlaut ausgeschrieben und mit ihren Übersetzungen beigefügt wurden, mag manchem willkommen sein. Wer noch eingehendere Belehrung sucht und vor allem auch dem Phänomen des Augustus selbst, seiner Leistung und seiner Zeit gerecht werden will, muß auf die im Anhang angeführten Werke verwiesen werden, von wo er leicht weiterfindet. Ich selbst habe neben der Ausgabe von Volkmann hauptsächlich den noch immer unentbehrlichen Kommentar von Th. MOMMSEN, Res gestae divi Augusti, Berlin 1883[2], benützt; bei der Übersetzung konnte ich mich auf diejenige von F. Gottanka in der ersten Tusculum-Ausgabe dieses Büchleins stützen[1]. Sehr viel aber verdanke ich vor allem den Vorlesungen und Seminaren meines Lehrers Artur Betz in Wien.

Für die zweite Auflage wurde der Text sorgfältig durchgesehen und von Versehen oder Ungenauigkeiten befreit. Allen denjenigen, die mir in Rezensionen oder persönlich durch schriftliche oder mündliche Hinweise behilflich waren, sei an dieser Stelle aufrichtig gedankt.

Wien, im Frühjahr 1974   E. W.

---

[1] Selbstverständlich wurden auch für die angeführten Belegstellen etwa vorhandene Übersetzungen eingesehen; zu nennen habe ich vor allem die ausgezeichnete deutsche Ausgabe der Kaiserbiographien Suetons von A. LAMBERT, Sueton, Das Leben der Caesaren, Zürich 1955.

Rerum gestarum divi Augusti, quibus orbem terra[rum]
imperio populi Rom[a]ni subiecit, et impensarum, quas in rem
publicam populumque Romanum fecit, incisarum in duabus
aheneis pilis, quae su[n]t Romae positae, exemplar sub[i]ectum.

I 1. Annos undeviginti natus exercitum privato consilio et
privata impensa comparavi, per quem rem publicam a domina-
tione factionis oppressam in libertatem vindicavi. Eo [nomi]ne
senatus decretis honorif[i]cis in ordinem suum m[e adlegit
C. Pansa et A. Hirti]o consulibus con[sula] | ⁵rem locum s[en-
tentiae dicendae tribuens et i]mperium mihi dedit. Res publica
n[e quid detrimenti caperet], me pro praetore simul cum consulibus pro[videre iussit. P]opulus autem eodem anno me consu-
lem, cum [cos. uterqu]e in bel[lo ceci]disset, et triumvirum rei
publicae constituend[ae creavit] | ¹⁰.
2. Qui parentem meum [trucidaver]un[t, eo]s in exilium
expuli iudiciis legitimis ultus eorum [fa]cin[us e]t postea bellum
inferentis rei publicae vici b[is a]cie.

Μεθηρμηνευμέναι ὑπεγράφησαν πράξεις τε καὶ δωρεαὶ
Σεβαστοῦ θεοῦ, ἃς ἀπέλιπεν ἐπὶ ʽΡώμης ἐνκεχαραγμένας
χαλκαῖς στήλαις δυσίν.

I 1 ʼΕτῶν δεκαε[ν]νέα ὢν τὸ στράτευμα ἐμῆι γνώμηι καὶ
ἐμοῖς ἀν[αλ]ώμασιν ἡτοί[μασα], δι᾽ οὗ τὰ κοινὰ πράγματα
[ἐκ τῆ]ς τ[ῶ]ν συνο[μοσα]μένων δουλήας [ἠλευ]θέ[ρωσα.
ʼΕπὶ ο]ῖς ἡ σύγκλητος ἐπαινέσασά | ⁵ [με ψηφίσμασι] προσ-
κατέλεξε τῆι βουλῆι Γαίωι Πά[νσ]α(ι) [καὶ Αὔλωι ʽΙρτίωι
ὑ]π[ά]το[ι]ς ἐν τῆι τάξει τῶν ὑπατ[ευσά]ν[των τ]ὸ σ[υμ-
βου]λεύειν δοῦσα, ῥάβδου[ς] τέ μοι ἔδωκεν. [Περ]ὶ τὰ δημό-
σια πράγματα μή τι βλαβῆι, ἐμοὶ με[τὰ τῶν ὑπά]των
προνοεῖν ἐπέτρεψεν ἀντιστρατήγωι | ¹⁰ [ὄντι. ʽΟ δ]ὲ δ[ῆ]μος
τῶι αὐτῶι ἐνιαυτῶι ἀμφοτέρων [τῶν ὑπάτων ἐν π]ολέμωι
πεπτω[κ]ό[τ]ων ἐμὲ ὕπα[τον ἀπέδειξ]εν καὶ τὴν τῶν τριῶν
ἀνδρῶν ἔχον[τα ἀρχὴν ἐπὶ] τῆι καταστάσει τῶν δ[η]μοσίων
πρα[γμάτων] ε[ἵλ]ατ[ο]. | ¹⁵
2 [Τοὺς τὸν πατέρα μου φονεύ]σ[αν]τ[α]ς ἐξώρισα κρί-
[σεσιν ἐνδί]κοις τειμω[ρ]ησάμε[ν]ος αὐτῶν τὸ [ἀσέβημα κ]αὶ
[με]τὰ ταῦτα αὐτοὺς πόλεμον ἐ[πιφέροντας τῆι πα]τ[ρ]ίδι
δὶς ἐνείκησα παρατάξει.

10

Nachstehend die Abschrift des auf zwei in Rom aufgestellten Bronzepfeilern eingegrabenen Berichtes von den Taten des göttlichen Augustus, durch welche er den Erdkreis der Herrschaft des römischen Volkes unterwarf, und von den Aufwendungen, die er für Staat und Volk von Rom machte.

Im Alter von neunzehn Jahren habe ich als Privatmann aus eigenem Entschluß und aus eigenen Mitteln ein Heer aufgestellt, mit dessen Hilfe ich den durch die Willkürherrschaft einer bestimmten Gruppe versklavten Staat befreite. Aus diesem Grund hat mich der Senat unter ehrenvollen Beschlüssen im Konsulatsjahr des C. Pansa und A. Hirtius (43 v. Chr.) in seine Reihen aufgenommen, wobei er mir konsularischen Rang bei den Abstimmungen zuerkannte. Ebenso verlieh er mir militärische Befehlsgewalt. Auf daß der Staat keinen Schaden nehme, sollte ich als Proprätor zugleich mit den Konsuln Sorge tragen. Das Volk aber wählte mich im selben Jahr zum Konsul, nachdem beide Konsuln im Kriege gefallen waren, und zum Triumvirn für die Neuordnung des Staates.

Die meinen Vater ermordet haben, trieb ich in Verbannung, und rächte durch gesetzmäßigen Richtspruch so ihre Untat. Und als sie darauf Krieg gegen den Staat begannen, besiegte ich sie zweifach in offener Feldschlacht.

3. [B]ella terra et mari c[ivilia ex]ternaque toto in orbe terrarum s[aepe gessi] victorque omnibus v[eniam petentib]us civibus peperci. Exte[rnas]|¹⁵ gentes, quibus tuto [ignosci pot]ui[t, co]nservare quam excidere m[alui]. Millia civium Roma[no]rum [sub] sacramento meo fuerunt circiter [quingen]ta. Ex quibus dedu[xi in coloni]as aut remisi in municipia sua stipen[dis emeri]tis millia aliquant[o plura qu]am trecenta, et iis omnibus agros a[dsignavi] aut pecuniam pro p[raemis mil]itiae dedi. Naves cepi sescen[tas praeter]|²⁰ eas, si quae minore[s quam trir]emes fuerunt.

4. [Bis] ovans triumphavi et tri[s egi] curulis triumphos et appella[tus sum v]iciens et semel imperator, [decernente plu]ris triumphos mihi senatu qu[ibus omnibus su]persedi. L[aurum de f]asc[i]bus deposui in Capi[tolio votis, quae] quoque bello nuncupaveram, [sol]utis. Ob res a [me aut per legatos]|²⁵ meos auspiciis meis terra ma[riqu]e pr[o]spere gestas qui[nquagiens et q]uinquiens decrevit senatus supp[lica]ndum esse dis immortalibus. Dies a[utem, pe]r quos ex senatus consulto [s]upplicatum est, fuere DC[CCLXXXX. In triumphis meis] ducti sunt ante

3 [Πολέμους καὶ κατὰ γῆν] καὶ κατὰ θάλασσαν ἐμφυ- |²⁰ [λίους καὶ ὀθνείους] ἐν ὅληι τῆι οἰκουμένηι πολ[λάκις ἐποίησα, νεικ]ήσας τε πάντων ἐφεισάμην [τῶν ἱκετῶν πολειτῶν. Τ]ὰ ἔθνη, οἷς ἀσφαλὲς ἦν συν[γνώμην ἔχειν, ἔσωσα
II μ]ᾶλ[λον] ἢ ἐξέκοψα. Μυριάδες || ῾Ρωμαίων στρατ[εύ]σ[ασ]αι ὑπ[ὸ τὸ]ν ὅρκον τὸν ἐμὸν ἐγένοντ[ο] ἐγγὺς π[εντήκ]ο[ντ]α· [ἐ]ξ ὧν κατή[γ]αγον εἰς τὰ[ς] ἀπο[ι]κίας ἢ ἀ[πέπεμψα εἰς τὰς] ἰδία[ς πό]λεις] ἐκπλ[ηρωθέντων τῶν] ἐνι[αυτῶν τῆς] στρατε[ίας] μυριάδας |⁵ ὀλί[γω]ι π[λείους ἢ τριάκοντα καὶ] αὐτο[ῖ]ς πᾶσ[ιν ἀγρ]ο[ὺ]ς ἐμ[έρισ]α ἢ [χρήματα ἀντὶ δωρεῶν στρατείας] ἔδωκ[α]. Ναῦς εἷ[λον] ἑ[ξακοσίας ἐκτὸς τούτων, εἴτινες ἥσσονες ἢ τριήρεις ἐγένοντο].

4 Δὶς πεζ[ὸν ἐθριάμβευσα καὶ] τρὶς [ἐ]φ᾽ ἅρματος, εἰκο|¹⁰ σά[κις καὶ ἅπαξ προσηγορεύθην αὐτο]κράτωρ τῆς [συνκλήτου ἐμοὶ πλείους θριάμβου]ς ψηφισσ[αμένης, ὧν πάντων ἐσχόμην. ᾽Απὸ τῶν ῥάβδ]ων τὴν [δάφνην ἀπέθηκα ἐν τῶι Καπιτωλίωι τὰ]ς εὐχάς, [ἃς ἐν] τῶ[ι πολέμωι ἑκάστωι ἐποιησάμην ἀποδ]ούς. [Διὰ τὰς |¹⁵ ἐμὰς πράξεις ἢ τὰς τῶν πρεσβευτῶν] μ[ου, ἃς αἰσίοις οἰωνοῖς καὶ κατὰ γῆν καὶ κατὰ θάλασσαν] κατώρθωσα, π[εντ]ηκοντάκις [καὶ] πεντά[κις ἐψ]ηφίσατο ἡ σύ[νκλητ]ος θεοῖς δεῖ[ν] θύεσθαι. [῾Ημ]έραι οὖν αὖ[τα]ι ἐ[κ συ]ν[κλήτου] δ[ό]γματ[ο]ς ἐγένοντο ὀκτα-[κ]όσιαι ἐνενή|²⁰[κοντα]. ᾽Εν [τ]οῖς ἐμοῖς [θριάμ]βοις [πρὸ το]ῦ ἐμοῦ ἅρμ[ατος βασι]λεῖς ἢ [βασιλέων παῖ]δες [προήχθ]-

12

Kriege zu Wasser und zu Lande, gegen innere und äußere Feinde, habe ich auf dem ganzen Erdkreis oft geführt und als Sieger alle römischen Bürger, die um Gnade baten, geschont. Auswärtige Völker, denen unbesorgt verziehen werden konnte, habe ich lieber erhalten als vernichten wollen. Ungefähr fünfhunderttausend römische Bürger waren als Soldaten auf mich vereidigt. Von diesen habe ich in Neugründungen angesiedelt oder nach Vollendung ihrer Dienstzeit in ihre Heimatgemeinden entlassen um einiges mehr als dreihunderttausend; diesen allen ließ ich Grund und Boden zuweisen oder gab ihnen Geld als Lohn für ihren Militärdienst. Schiffe habe ich sechshundert gekapert, nicht gerechnet diejenigen, die etwa kleiner als Dreiruderer waren.

Zweimal habe ich in Form der Ovatio triumphiert, und drei kurulische Triumphe gefeiert; einundzwanzigmal wurde ich zum Imperator ausgerufen. Dabei hat der Senat noch mehr Triumphe für mich beschlossen, die ich jedoch alle ablehnte. Den Lorbeer legte ich von den Rutenbündeln ab nach Einlösung der Gelübde auf dem Kapitol, wie ich sie vor jedem Krieg feierlich verkündet hatte. Wegen der durch mich oder durch meine Heerführer unter meinem Oberbefehl zu Wasser und zu Land glücklich geführten Kriege hat der Senat fünfundfünfzigmal ein Dankfest an die unsterblichen Götter beschlossen. Die Gesamtzahl der Tage aber, an denen auf Senatsbeschluß so gefeiert wurde, betrug 890. In meinen Triumphen wurden vor meinem Wagen neun Könige oder Kinder von Königen geführt. Kon-

currum meum reges aut r[eg]um lib[eri novem. Consul f]ueram
terdeciens, cum [scribeb]a[m] haec, [et eram se]p[timum et]
tricen[simu]m |³⁰ tribuniciae potestatis.

5. [Dic]tat[ura]m et apsent[i e]t praesent[i mihi delatam et a
popu]lo et a se[na]tu [M. Marce]llo e[t] L. Arruntio [cos.] non
rec[epi. Non sum] depreca[tus] in s[umma f]rum[enti p]enuria
curatio[n]em an[non]ae, [qu]am ita ad[min]ist[ravi, ut intra]
die[s] paucos metu et periclo p[r]aesenti civitatem univ[ersam
liberarem |³⁵ impensa] et cura mea. Consul[atum] quoqu[e] tum
annuum e[t perpetuum mihi] dela[tum non recepi].

6. [Consulibus M. Vinicio et Q. Lucretio] et postea P. Lentulo
et Cn. L[entulo et tertium Paullo Fabio Maximo et Q. Tuberone
senatu populoq]u[e Romano consentientibus] ut cu[rator legum
et morum summa po†estate solus crearer |⁴⁰ nullum magistratum
contra morem maiorum delatum recepi. Quae tum per me geri
senatus] v[o]luit, per trib[un]ici[a]m p[otestatem perfeci, cuius
potes]tatis conlegam et [ips]e ultro [quinquiens a sena]tu [de]-
poposci et accepi.

ησαν ἐννέα. [Ὑπάτ]ε[υ]ον τρὶς καὶ δέκ[ατο]ν, ὅτε τ[αῦ]τα
ἔγραφον, καὶ ἤμη[ν τρια]κ[οστὸ]ν καὶ ἕβδομ[ον δημαρχ]ικῆς ||
III ἐξουσίας.

5 Αὐτεξούσιόν μοι ἀρχὴν καὶ ἀπόντι καὶ παρόντι διδομένην [ὑ]πό τε τοῦ δήμου καὶ τῆς συνκλήτου Μ[άρκ]ωι
[Μ]αρκέλλωι καὶ Λευκίωι Ἀρρουντίωι ὑπάτοις |⁵ ο[ὐκ
ἐδ]εξάμην. Οὐ παρη(ι)τησάμην ἐν τῆι μεγίστηι [τοῦ] σ[εῖτ]ου
σπάνει τὴν ἐπιμέλειαν τῆς ἀγορᾶς, ἣν οὕ[τως ἐπετήδευ]σα
ὥσ†᾽ ἐν ὀλίγαις ἡμέρα[ις το]ῦ παρόντος φόβου καὶ κι[νδ]ύνου
ταῖς ἐμαῖς δαπάναις τὸν δῆμον ἐλευθερῶσα[ι]. Ὑπατείαν τέ
μοι τότε δι[δ]ομένην καὶ |¹⁰ ἐ[ν]ιαύσιον κα[ὶ δ]ι[ὰ] βίου οὐκ
ἐδεξάμην.

6 Ὑπάτοις Μάρκωι Οὐινουκίωι καὶ Κοίντωι Λ[ουκρ]η-
τ[ίωι] καὶ μετὰ τα[ῦ]τα Ποπλίωι καὶ Ναίωι Λέντλοις καὶ
τρίτον Παύλλωι Φαβίωι Μαξίμωι καὶ Κοίν[τωι] Τουβέρωνι
τῆς [τε σ]υνκλήτου καὶ τοῦ δήμου τῶν |¹⁵ Ῥωμαίων ὁμο-
λογ[ο]ύντων, ἵν[α ἐπιμε]λητὴς τῶν τε νόμων καὶ τῶν τρόπων
ἐ[πὶ με]γίστηι [ἐξ]ουσ[ίαι μ]ό[νο]ς χειροτονηθῶ⟨ι⟩, ἀρχὴν
οὐδεμ[ία]ν πα[ρὰ τὰ πά]τρ[ια] ἔ[θ]η διδομένην ἀνεδεξάμην.
Ἃ δὲ τότε δι᾽ ἐμοῦ ἡ σύνκλητος οἰ|²⁰κονομεῖσθαι ἐβούλετο,
τῆς δημαρχικῆς ἐξο[υ]σίας ὢν ἐτέλε[σα. Κ]αὶ ταύτης αὐτῆς
τῆς ἀρχῆς συνάρχοντα [αὐτ]ὸς ἀπὸ τῆς συνκλήτου π[εν]-
τάκις αἰτήσας [ἔλ]αβον ||.

sul bin ich bis zu dem Zeitpunkt, da ich das schreibe, dreizehnmal gewesen, und stehe im siebenunddreißigsten Jahr der *tribunicia potestas*.

Die Diktatur, die mir in Abwesenheit und Gegenwart sowohl vom Volk als auch vom Senat unter dem Konsulat des M. Marcellus und L. Arruntius (22 v. Chr.) angetragen wurde, habe ich nicht angenommen. Nicht abgelehnt aber habe ich, als größter Mangel an Brotgetreide herrschte, die Sorge um die Nahrungsmittelbeschaffung, derer ich mich so annahm, daß ich innerhalb weniger Tage durch meine Aufwendungen und meine Fürsorge die ganze Stadt von Furcht und der bereits spürbaren Gefahr befreien konnte. Auch den damals mir angetragenen jährlichen Konsulat auf Lebenszeit habe ich nicht angenommen.

Auch als unter den Konsuln M. Vinicius und Q. Lucretius (19 v. Chr.), später unter P. Lentulus und Cn. Lentulus (18 v. Chr.) und zum dritten Mal unter Paullus Fabius Maximus und Q. Tubero (11 v. Chr.) Senat und Volk von Rom einhellig meine Bestellung zum alleinigen, mit außerordentlicher Vollmacht ausgestatteten Hüter von Gesetz und Sitte betrieben, habe ich dies ebensowenig wie irgend ein anderes Amt angenommen, das mir im Widerspruch zu den Einrichtungen der Vorväter stehend angetragen wurde. Was damals der Senat von mir besorgt wissen wollte, habe ich kraft meiner *tribunicia potestas* durchgeführt. Für diese selbst habe ich aus eigenem fünfmal mir einen Amtsgenossen vom Senat erbeten und erhalten.

7. [Tri]umv[i]rum rei pu[blicae c]on[s]ti[tuendae fui per continuos an]nos [decem. P]rinceps s[enatus fui usque ad e]um
d[iem, quo scrip]seram [haec, | ⁴⁶ per annos] quadra[ginta. Pon]ti-
fex [maximus, augur, XV vir]um sacris fac[iundis, VII virum
ep]ulon[um, frater arvalis, sodalis Titius], fetialis fui.

II   8. Patriciorum numerum auxi consul quintum iussu populi
et senatus. Senatum ter legi. Et in consulatu sexto censum populi
conlega M. Agrippa egi. Lustrum post annum alterum et qua-
dragensimum fec[i]. Quo lustro civium Romanorum censa sunt
capita quadragiens centum millia et sexa | ⁵g[i]nta tria millia.
Tum [iteru]m consulari cum imperio lustrum [s]olus feci C. Cen-
sorin[o et C.] Asinio cos., quo lustro censa sunt civium Romanorum [capita] quadragiens centum millia et ducenta triginta tria
m[illia. Et te]rtium consulari cum imperio lustrum conlega Tib.
Cae[sare filio] m[eo feci] Sex. Pompeio et Sex. Appuleio cos., | ¹⁰
quo lustro ce[nsa sunt] civ[ium Ro]manorum capitum quadragiens centum mill[ia et n]onge[nta tr]iginta et septem millia.
Legibus novi[s] m[e auctore l]atis m[ulta e]xempla maiorum

IV   7 Τριῶν ἀνδρῶν ἐγενόμην δημοσίων πραγμάτων κατ-
ορθωτὴς συνεχέσιν ἔτεσιν δέκα. Πρῶτον ἀξιώματος τόπον
ἔσχον τῆς συνκλήτου ἄχρι ταύτης τῆς ἡμέρας, ἧς ταῦτα
ἔγραφον, ἐπὶ ἔτη τεσ | ⁵σαράκοντα. Ἀρχιερεύς, αὔγουρ,
τῶν δεκαπέντε ἀνδρῶν τῶν ἱεροποιῶν, τῶν ἑπτὰ ἀνδρῶν
ἱεροποιῶν, ἀ[δε]λφὸς ἀρουᾶλις, ἑταῖρος Τίτιος, φητιᾶλις.
8 Τῶν [πατ]ρικίων τὸν ἀριθμὸν ηὔξησα πέμπτον ὕπατ[ος
ἐπιτ]αγῆι τοῦ τε δήμου καὶ τῆς συνκλή | ¹⁰ του. [Τὴν σύ]ν-
κλητον τρὶς ἐπέλεξα. Ἕκτον ὕπατος τὴν ἀπ[ο]τείμησιν τοῦ
δήμου συνάρχον[τ]α ἔχων Μᾶρκον Ἀγρίππαν ἔλαβον, ἥτις
ἀπο[τείμη]σις μετὰ [δύο καὶ] τεσσαρακοστὸν ἐνιαυτὸν [σ]υνε-
[κ]λείσθη. Ἐν ἧι ἀποτειμήσει Ῥωμαίων | ¹⁵ ἐτει[μήσ]α[ντο]
κεφαλαὶ τετρακό[σιαι ἑ]ξήκοντα μυ[ριάδες καὶ τρισχίλιαι.
Εἶτα δεύτερον ὑ]πατικῆι ἐξ[ουσίαι μόνος Γαΐωι Κηνσωρίνωι
καὶ] Γαΐωι [Ἀσινίωι ὑπάτοις τὴν ἀποτείμησιν ἔλαβον]· ἐν
[ἧι] ἀπ[οτειμήσει ἐτειμήσαντο Ῥωμαί] | ²⁰ ων τετ[ρακόσιαι
εἴκοσι τρεῖς μυριάδες καὶ τ]ρι[σ]χίλιοι. Κ[αὶ τρίτον ὑπατικῆι
ἐξ]ουσίαι τὰς ἀποτειμή]σε[ι]ς Ἐλα[βο]ν, [ἔχω]ν [συνάρχοντα
Τιβέριον] Καίσαρα τὸν υἱόν μο[υ Σέξτωι Πομπηίωι καὶ] ||
V   Σέξτωι Ἀππουληίωι ὑπάτοις. ἐν ἧι ἀποτειμήσει ἐτειμήσαντο
Ῥωμαίων τετρακόσιαι ἐνενήκοντα τρεῖς μυριάδες καὶ ἑπτα-
κισχείλιοι. Εἰσαγαγὼν καινοὺς νόμους πολλὰ ἤδη τῶν
ἀρχαίων ἐθῶν κα | ⁵ ταλυόμενα διωρθωσάμην καὶ αὐτὸς

16

Mitglied des Triumvirates zur Neuordnung des Staates war ich ohne Unterbrechung durch zehn Jahre. Rangältester des Senats war ich bis zu dem Tag, an dem ich das schreibe, vierzig Jahre lang; ich war Pontifex maximus, Augur, gehörte zu den Kollegien der Quindecemviri sacris faciundis und der Septemviri epulonum, war Arvalbruder, Sodalis Titius und Fetiale.

In meinem fünften Konsulat (29 v. Chr.) vermehrte ich die Zahl der Patrizier auf Geheiß von Volk und Senat. Eine Neukonstituierung des Senates habe ich dreimal vorgenommen, und in meinem sechsten Konsulat (28 v. Chr.) eine Schätzung des Volkes mit meinem Amtskollegen M. Agrippa durchführen lassen. Nach einem Zeitraum von zweiundvierzig Jahren habe ich wieder ein Lustrum veranstaltet; bei dieser Gelegenheit wurden vier Millionen und dreiundsechzigtausend römische Bürger gezählt. Später habe ich, gestützt auf meine konsularische Befehlsgewalt, unter den Konsuln C. Censorinus und C. Asinius (8 v. Chr.) allein eine solche Volkszählung durchgeführt, wobei vier Millionen zweihundertdreiunddreißigtausend römische Bürger gezählt wurden. Auch ein drittes Mal habe ich kraft konsularischer Befehlsgewalt mit meinem Sohn Tiberius Caesar als Kollegen unter den Konsuln Sex. Pompeius und Sex. Appuleius (14 n. Chr.) ein solches Lustrum abgehalten, wobei die Kopfzahl der römischen Bürger mit vier Millionen neunhundertsiebenunddreißigtausend ermittelt wurde. Durch neue, auf meine Veranlassung hin eingebrachte Gesetze habe ich viele Einrichtungen der Väter, die in unserer Epoche schon zu

exolescentia iam ex nostro [saecul]o red[uxi et ipse] multarum
rer[um exe]mpla imitanda pos[teris tradidi]|[15].

9. Vota p[ro valetudine mea susc]ipi p[er cons]ules et sacer-
dotes qu[in]to qu[oque anno decrevit senatus. Ex iis] votis
s[ae]pe fecerunt vivo m[e ludos aliquotiens sacerdotu]m quattuor amplissima colle[gia, aliquotiens consules. Pr]iva[ti]m etiam
et municipatim univer[si cives unanimite]r con[tinente]r apud
omnia pulvinaria pro vale|[20] [tu]din[e mea s]upp[licaverunt].

10. Nom[en me]um [sena]tus c[onsulto inc]lusum est in Saliare
carmen et sacrosanctu[s in perp]etum [ut essem et, q]uoad vive-
rem, tribunicia potestas mihi [esset, per lege]m s[anctum est.
Pontif]ex maximus ne fierem in vivi [c]onle[gae mei l]ocum
[populo id sace]rdotium deferente mihi, quod pater meu[s]|[25]
habuer]at, r[ecusavi. Qu]od sacerdotium aliquod post annos eo
mor[t]uo, q[ui civilis] m[otus o]ccasione occupaverat, cuncta
ex Italia [ad comitia mea] confluen[te mu]ltitudine, quanta
Romae nun[q]uam [fertur ante i]d temp[us fuisse], recep[i]
P. Sulpicio C. Valgio consulibu[s].

11. Aram [Fortunae] R[educis a]nte aedes Honoris et Virtutis
ad portam|[30] Cap[enam pro] red[itu me]o senatus consacravit,
in qua ponti[fices et] vir[gines Ve]stal[es anni]versarium sacri-

πολλῶν πραγμάτων μείμημα ἐμαυτὸν τοῖς μετέπειτα πα-
ρέδωκα.

9 Εὐχὰς ὑπὲρ τῆς ἐμῆς σωτηρίας ἀναλαμβάνειν διὰ τῶν
ὑπάτων καὶ ἱερέων καθ' ἑκάστην πεν|[10] τετηρίδα ἐψηφίσατο
ἡ σύνκλητος. Ἐκ τούτων τῶν εὐχῶν πλειστάκις ἐγένοντο
θέαι, τοτὲ μὲν ἐκ τῆς συναρχίας τῶν τεσσάρων ἱερέων, τοτὲ
δὲ ὑπὸ τῶν ὑπάτων. Καὶ κατ' ἰδίαν δὲ καὶ κατὰ πόλεις
σύνπαντες οἱ πολεῖται ὁμοθυμα|[15]δ[ὸν] συνεχῶς ἔθυσαν
ὑπὲρ τῆς ἐμῆς σω[τ]ηρίας.

10 Τὸ ὄν[ομ]ά μου συνκλήτου δόγματι ἐνπεριελήφθη εἰ[ς
τοὺ]ς σαλίων ὕμνους. Καὶ ἵνα ἱερὸς ὦι διὰ [βίο]υ [τ]ε τὴν
δημαρχικὴν ἔχωι ἐξουσίαν, νό[μωι ἐκ]υρώθη. Ἀρχιερωσύνην,
ἣν ὁ πατήρ |[20] [μ]ου [ἐσχ]ήκει, τοῦ δήμου μοι καταφέροντος
εἰς τὸν τοῦ ζῶντος τόπον οὐ προσεδεξάμ[η]ν. [*Η]ν ἀρχιε-
VI ρατείαν μετά τινας ἐνιαυτοὺς || ἀποθανόντος τοῦ προκα-
τειληφότος αὐτὴν ἐν πολειτικαῖς ταραχαῖς ἀνείληφα, εἰς τὰ
ἐμὰ ἀρχαιρέσια ἐξ ὅλης τῆς Ἰταλίας τοσούτου πλήθους
συνεληλυθότος, ὅσον οὐδεὶς |[5] ἔνπροσθεν ἱστόρησεν ἐπὶ
Ῥώμης γεγονέναι Ποπλίωι Σουλπικίωι καὶ Γαΐωι Οὐαλ-
γίωι ὑπάτοις.

11 Βωμὸν Τύχης Σωτηρίου ὑπὲρ τῆς ἐμῆς ἐπανόδου πρὸς
τῆι Καπήνηι πύληι ἡ σύνκλητος ἀφιέρωσεν, πρὸς ὧι τοὺς

18

verschwinden drohten, wieder zum Leben erweckt und selbst für viele Dinge Beispiele zur Befolgung der Nachwelt überliefert.

Gelübde für mein Wohlergehen beschloß der Senat durch die Konsuln und die Angehörigen der Priesterschaften jedes fünfte Jahr darzubringen. Auf Grund dieser Gelübde haben schon zu meinen Lebzeiten häufig bald die vier obersten Priesterkollegien, bald die Konsuln Spiele veranstaltet. Auch einzeln und nach Stadtgemeinden haben alle Bürger einmütig und unablässig bei allen Weihestätten für mein Heil gebetet.

Mein Name wurde auf Senatsbeschluß ins Kultlied der Salier aufgenommen, und durch Gesetz verfügt, daß ich für immer unverletzlich sein solle und mir, solange ich lebe, die Befugnisse der Volkstribunen zukämen. Pontifex maximus anstelle meines Kollegen noch zu dessen Lebzeiten zu werden habe ich abgelehnt, obwohl das Volk mir dieses Priesteramt, das schon mein Vater besessen hatte, übertragen wollte. Ich habe diese Würde aber einige Jahre später, unter dem Konsulat des P. Sulpicius und C. Valgius (12 v. Chr.) erhalten, als nach dem Tod desjenigen, der sich ihrer während der Wirren des Bürgerkrieges bemächtigt hatte, zu meinen Wahlen eine ungeheure Menschenmenge aus ganz Italien zusammenströmte, wie sie noch niemals zuvor in Rom gewesen sein soll.

Einen Altar der Fortuna Redux vor den Tempeln des Honos und der Virtus bei der Porta Capena hat der Senat zum Dank für meine Rückkehr gestiftet; dort sollten gemäß seinen Anordnungen die Pontifices und

ficium facere [iussit eo] di[e, quo co]nsul[ibus Q. Luc]retio et
[M. Vi]nic[i]o in urbem ex [Syria redieram, et diem Augustali]a
ex [c]o[gnomine] nos[t]ro appellavit.

12. [Ex senatus auctoritat]e pars [praetorum e]t tribunorum|³⁵
[plebi cum consule Q.] Lu[cret]io et princi[pi]bus viris [ob]viam
mihi mis[s]a e[st in Campan]iam, qui honos [ad ho]c tempus
nemini praeter [m]e e[st decretus. Cu]m ex H[isp]ania Gal[liaque
rebu]s in iis provincis prosp[e]re [gest]is R[omam redi] Ti.
Nerone P. Qui[ntilio consulibu]s, aram [Pacis A]u[g]ust[ae sena-
tus pro] redi[t]u meo consa[c]randam [censuit] ad cam|⁴⁰pum
[Martium, in qua ma]gistratus et sac[er]dotes [vi]rgines[que]
V[est]a[les anni]ver[sarium sacrific]ium facer[e iussit].

13. [Ianum] Quirin[um, quem cl]aussum ess[e maiores nostri
voluer]unt, cum [p]er totum i[mperium po]puli Roma[ni terra
marique es]set parta victoriis pax, cum, pr[iusquam] nascerer,
[a condita] u[rb]e bis omnino clausum|⁴⁵ [f]uisse prodatur m[e-
mori]ae, ter me princi[pe senat]us claudendum esse censui[t].

14. [Fill]ios meos, quos iuv[enes mi]hi eripuit for[tuna],
III Gaium et Lucium Caesares || honoris mei caussa senatus popu-

ἱερεῖς καὶ τὰς ἱερείας ἐνιαύσιον θυ|¹⁰σίαν ποιεῖν ἐκέλευσεν
ἐν ἐκείνηι τῆι ἡμέραι, ἐν ἧι ὑπάτοις Κοίντωι Λουκρητίωι καὶ
Μάρκωι Οὐινουκίωι ἐκ Συρίας εἰς ῾Ρώμην ἐπανεληλύθει[ν],
τήν τε ἡμέραν ἐκ τῆς ἡμετέρας ἐπωνυμίας προσηγόρευσεν
Αὐγουστάλια. |¹⁵

12 Δόγματι σ[υ]νκλήτου οἱ τὰς μεγίστας ἀρχὰς ἄρξαντε[ς
σ]ὺν μέρει στρατηγῶν καὶ δημάρχων μετὰ ὑπ[ά]του Κοίντου
Λουκρητίου ἐπέμφθησάν μοι ὑπαντήσοντες μέχρι Καμπανίας,
ἥτις τειμή μέχρι τούτου οὐδὲ ἑνὶ εἰ μὴ ἐμοὶ ἐψηφίσ|²⁰θη.
῾Οτε ἐξ ῾Ισπανίας καὶ Γαλατίας, τῶν ἐν ταύταις ταῖς ἐπαρχείαις πραγμάτων κατὰ τὰς εὐχὰς τελεσθέντων, εἰς ῾Ρώμην
ἐπανῆλθον Τιβερίωι [Νέ]ρωνι καὶ Ποπλίωι Κοιντιλίωι ὑπά-
VII τοις, || βωμὸν Ἐ[ἰρ]ήνης Σεβαστῆς ὑπὲρ τῆς ἐμῆς ἐπανόδου
ἀφιερωθῆναι ἐψηφίσατο ἡ σύνκλητος ἐν πεδίωι ῎Αρεως, πρὸς
ὧι τούς τε ἐν ταῖς ἀρχαῖς καὶ τοὺς ἱερεῖς τάς τε ἱερείας ἐνιαυ-
σίους θυσίας ἐκέλευσε ποιεῖν. |⁵

13 Πύλην ᾿Ενυάλιον, ἣν κεκλῖσθαι οἱ πατέρες ἡμῶν
ἠθέλησαν εἰρηνευομένης τῆς ὑπὸ ῾Ρωμαίοις πάσης γῆς τε καὶ
θαλάσσης, πρὸ μὲν ἐμοῦ, ἐξ οὗ ἡ πόλις ἐκτίσθη, τῶι παντὶ
αἰῶνι δὶς μόνον κεκλεῖσθαι ὁμολογεῖται, ἐπὶ δὲ ἐμοῦ ἡγεμόνος
τρὶς ἡ σύνκλητος ἐψη|¹⁰φίσατο κλεισθῆναι.

14 Υἱούς μου Γάϊον καὶ Λεύκιον Καίσ[α]ρας, οὓς νεανίας
ἀνήρπασεν ἡ τύχη, εἰς τὴν ἐμὴν τειμ[ὴ]ν ἥ τ[ε] σύνκλητος

20

die vestalischen Jungfrauen alljährlich ein Opfer darbringen an dem Tag, an welchem ich unter den Konsuln Q.Lucretius und M.Vinicius (19 v.Chr.) aus
Syrien in die Stadt zurückgekehrt war. Die Feiern an
diesem Tag nannte er »Augustalia« nach meinem
Namen.

Auf Anordnung des Senats ist mir ein Teil der Prätoren und Volkstribunen mit dem Konsul Q.Lucretius
und den angesehensten Männern nach Campanien ent-
gegengesandt worden, eine Ehrung, die bis auf den
heutigen Tag außer für mich noch für niemanden beschlossen wurde. Als ich aus Spanien und Gallien nach
erfolgreicher Tätigkeit in diesen Provinzen unter den
Konsuln Ti.Nero und P.Quintilius (13 v.Chr.) nach
Rom zurückkehrte, beschloß der Senat einen Altar des
»Augustusfriedens« aus Anlaß meiner Rückkehr wei-
hen zu lassen, und zwar auf dem Marsfeld; dort sollten
die Beamten, die Priesterschaft und die vestalischen
Jungfrauen nach seinem Befehl alljährlich ein Opfer
darbringen.

Den Tempel des Ianus Quirinus, der nach dem Willen unserer Vorfahren geschlossen werden sollte, wenn
im ganzen Herrschaftsbereich des römischen Volkes,
zu Wasser und zu Lande ein durch Siege gefestigter
Friede eingekehrt sei – was nach der Überlieferung vor
meiner Geburt, seit der Gründung der Stadt, überhaupt
nur zweimal der Fall gewesen sein soll – diesen Tempel
hat nun der Senat unter meiner Regierung dreimal zu
schließen angeordnet.

Meine Söhne, die mir in noch jungen Jahren das
Schicksal entrissen hat, Gaius und Lucius Caesar, de-

lusque Romanus annum quintum et decimum agentis consules designavit, ut [e]um magistratum inirent post quinquennium. Et ex eo die, quo deducti [s]unt in forum, ut interessent consiliis publicis decrevit sena[t]us. Equites [a]utem Romani universi principem|⁶ iuventutis utrumque eorum parm[is] et hastis argenteis donatum appellaverunt.

15. Plebei Romanae viritim HS trecenos numeravi ex testamento patris mei et nomine meo HS quadringenos ex bellorum manibiis consul quintum dedi, iterum autem in consulatu decimo ex [p]atrimonio|¹⁰ meo HS quadringenos congiari viritim pernumer[a]vi, et consul undecimum duodecim frumentationes frumento pr[i]vatim coempto emensus sum, et tribunicia potestate duodecimum quadringenos nummos tertium viritim dedi. Quae mea congiaria p[e]rvenerunt ad [homi]num millia nunquam minus quinquaginta et ducenta.|¹⁵ Tribuniciae potestatis duodevicesimum consul XII trecentis et viginti millibus plebis urbanae sexagenos denarios viritim dedi. Et colon[i]s militum meorum consul quintum ex manibiis viritim millia nummum singula dedi; acceperunt id triumphale congiarium in colonis

καὶ ὁ δῆμος τῶν ῾Ρωμαίων πεντεκαιδεκαέτεις ὄντας ὑπάτους ἀπέδειξεν, ἵνα μετὰ πέντε ἔτη |¹⁵ εἰς τὴν ὕπατον ἀρχὴν εἰσέλθωσιν· καὶ ἀφ᾿ ἧς ἂν ἡμέ[ρα]ς εἰς τὴν ἀγορὰν κα[τ]αχθ[ῶ]σιν, ἵνα [με]τέχωσιν τῆς συ[ν]κλήτου ἐψηφίσατο. ῾Ιππεῖς δὲ ῾Ρωμαίων σύν[π]αντες ἡγεμόνα νεότητος ἑκάτερον αὐτῶν προσηγόρευσαν, ἀσπίσιν ἀργυρέαις |²⁰ καὶ δόρασιν [ἐτ]είμησαν.
                                                         •
15 Δήμωι ῾Ρωμαίων κατ᾿ ἄνδρα ἑβδομήκοντα π[έντ]ε δηνάρια ἑκάστωι ἠρίθμησα κατὰ διαθήκην τοῦ πατρός μου, καὶ τῶι ἐμῶι ὀνόματι ἐκ λαφύρων [π]ο[λέ]μου ἀνὰ ἑκατὸν VIII δηνάρια || πέμπτον ὕπατος ἔδωκα, πάλιν τε δέ[κατο]ν ὑπατεύων ἐκ τ[ῆ]ς ἐμῆς ὑπάρξεως ἀνὰ δηνάρια ἑκατὸν ἠρίθ[μ]ησα, καὶ ἑνδέκατον ὕπατος δώδεκα σειτομετρήσεις ἐκ τοῦ ἐμοῦ βίου ἀπε|⁵μέτρησα, καὶ δημαρχικῆς ἐξουσίας τὸ δωδέκατον ἑκατὸν δηνάρια κατ᾿ ἄνδρα ἔδωκα. αἴτ[ι]νες ἐμαὶ ἐπιδόσεις οὐδέποτε ἧσσον ἧλθ[ο]ν ε[ἰ]ς ἄνδρας μυριάδων εἴκοσι πέντε. Δημα[ρ]χικῆς ἐξουσίας ὀκτωκαιδέκατον, ὑπατ[ος] δ[ωδέκατον] |¹⁰ τριάκοντα τρισ[ὶ] μυριάσιν ὄχλου πολειτικ[οῦ ἐ]ξήκοντα δηνάρια κατ᾿ ἄνδρα ἔδωκ[α, κα]ὶ ἀποίκοις στρατιωτῶν ἐμῶν πέμπτον ὕπατος ἐ[κ] λαφύρων κατὰ ἄνδρα ἀνὰ διακόσια πεντήκοντα δηνάρια ἔδ[ωκα]· ἔλαβον ταύτην τὴν δωρεὰν ἐν ταῖς ἀποικίαις ἀν|¹⁵θρώπων

22

signierten der Senat und das römische Volk mir zu
Ehren in ihrem fünfzehnten Lebensjahr zu Konsuln,
mit der Bestimmung, daß sie dieses Amt nach Ablauf
von fünf Jahren antreten sollten. Ferner beschloß der
Senat, sie sollten von dem Tag an, da sie als Großjäh-
rige auf das Forum geleitet würden, den Staatssitzungen
beiwohnen können. Die römischen Ritter aber erkoren
sie einhellig zu »Führern der Jungmannschaft« und verliehen jedem von beiden silberne Schilde und Lanzen.

Der Bevölkerung in Rom habe ich pro Kopf dreihundert Sesterzen auf Grund des Testaments meines
Vaters zuteilen lassen, und in meinem Namen in meinem fünften Konsulat (29 v. Chr.) je vierhundert
Sesterzen aus Mitteln der Kriegsbeute gegeben; ein
zweites Mal habe ich während meines zehnten Konsu-
lats (24 v. Chr.) aus meinem Erbgut pro Kopf vierhundert Sesterzen ausbezahlt, und in meinem elften Konsulat (23 v. Chr.) zwölf Getreidespenden zuweisen lassen, wobei das Getreide aus meinen eigenen Mitteln
aufgekauft worden war; im zwölften Jahr meiner
tribunicia potestas (12 v. Chr.) nun habe ich zum dritten
Mal vierhundert Sesterzen pro Kopf gegeben. Diese
meine Geldspenden kamen niemals weniger Menschen
zugute als zweihundertfünfzigtausend. Als ich die
tribunicia potestas zum achtzehnten Mal innehatte, in
meinem zwölften Konsulat (5 v. Chr.), habe ich drei-
hundertzwanzigtausend Angehörigen der Stadtbevöl-
kerung pro Kopf sechzig Denare geben lassen. Den
Ansiedlern unter den Soldaten habe ich in meinem
fünften Konsulat (29 v. Chr.) aus der Kriegsbeute pro
Mann je tausend Sesterzen gegeben; diese anläßlich des
Triumphes ausbezahlte Geldspende haben in den ein-

hominum circiter centum et viginti millia. Consul ter|²⁰tium
dec[i]mum sexagenos denarios plebei, quae tum frumentum
publicum accipiebat, dedi; ea millia hominum paullo plura
quam ducenta fuerunt.

16. Pecuniam [pr]o agris, quos in consulatu meo quarto et
postea consulibus M. Cr[a]sso et Cn. Lentulo Augure adsignavi
militibus, solvi municipis. Ea [s]u[mma s]estertium circiter
sexiens milliens fuit, quam [p]ro Italicis|²⁵ praedis numeravi, et
ci[r]citer bis mill[ie]ns et sescentiens, quod pro agris provinciali-
bus solvi. Id primus et [s]olus omnium, qui [d]eduxerunt colonias militum in Italia aut in provincis, ad memoriam aetatis meae
feci. Et postea Ti. Nerone et Cn. Pisone consulibus itemque
C. Antistio et D. Laelio cos. et C. Calvisio et L. Pasieno consuli-
bus et L. Le[nt]ulo et M. Messala|³⁰ consulibus et L. Caninio et
Q. Fabricio co[s.] milit[i]bus, quos emeriteis stipendis in sua
municipi[a dedux]i, praem[i]a numerato persolvi, quam in rem
sestertium q[uater m]illiens cir[cite]r impendi.

17. Quater [pe]cunia mea iuvi aerarium ita, ut sestertium
milliens et|³⁵ quing[en]tie[n]s ad eos, qui praerant aerario, de-
tulerim. Et M. Lepido et L. Ar[r]unt[i]o cos. in aerarium mili-

μυριάδες πλ[εῖ]ον δώδε[κα. Ὕ]πατος τ[ρι]σκαιδέκατον ἀνὰ
ἑξήκοντα δηνάρια τῶι σειτομετρουμένωι δήμωι ἔδωκα·
[οὗ]τος ἀριθμὸς πλείων εἴκοσι μυριάδων ὑπῆρχεν.

16 Χρήματα ἐν ὑπατείαι τετάρτηι ἐμῆι κα[ὶ] μετὰ ταῦτα
ὑ|²⁰πάτοις Μάρκω[ι] Κράσσω[ι] καὶ Ναΐωι Λέντλω[ι]
Αὔγουρι ταῖς πόλεσιν ἠρίθμησα ὑπὲρ ἀγρῶν, οὓς ἐμέρισα
τοῖς στρατ[ιώ]ταις. Κεφαλαίωι ἐν Ἰταλίαι μὲν μύριαι π[εν-
τακι]σχε[ίλιαι μυ]ριάδες, τῶν [δὲ ἐ]παρχειτικῶν ἀγρῶν
IX [μ]υ[ριάδες ἑξακισχείλ]ιαι πεν[τακό]σ[ιαι]. || Τοῦτο πρῶτος
καὶ μόνος ἁπάντων ἐπόησα τῶν [κατα]γαγόντων ἀποικίας
στρατιωτῶν ἐν Ἰταλίαι ἢ ἐν ἐπαρχείαις μέχρι τῆς ἐμῆς
ἡλικίας. Καὶ μετέπειτα Τιβερίωι Νέρωνι καὶ Ναΐωι Πείσωνι
ὑπά|⁵τοις καὶ πάλιν Γαΐωι Ἀνθεστίωι καὶ Δέκμωι Λαιλίωι
ὑπάτοις καὶ Γαΐωι Καλουισίωι καὶ Λευκίωι Πασσιήνωι
[ὑ]πάτο[ι]ς καὶ Λευκίωι Λέντλωι καὶ Μάρκωι Μεσσάλ[αι]
ὑπάτοις κ[αὶ] [Λ]ευκίωι Κανινίωι καὶ Κοίντωι Φαβρικίωι
ὑπάτοις στρατιώταις ἀπολυ|¹⁰ομένοις, οὓς κατήγαγον εἰς
τὰς ἰδίας πόλ[εις], φιλανθρώπου ὀνόματι ἔδωκα μυριάδας
ἐγγὺς [μυρία]ς.

17 Τετρά[κ]ις χρήμασιν ἐμοῖς ὑπέλαβον τὸ αἰράριον, εἰς ὃ
κατήνεγκα [χ]ειλίας [ἑπτ]ακοσίας πεντήκοντα μυριάδας. Καὶ
Μάρκωι Λε[πίδωι] καὶ Λευκίωι Ἀρρουν|¹⁵τίωι ὑπάτοις εἰς
τὸ στρατιωτικὸν αἰράριον, ὃ τῆι [ἐμῆι] γ[ν]ώ[μηι] κατέστη,

24

zelnen Städten etwa hundertzwanzigtausend Menschen empfangen. In meinem dreizehnten Konsulat (2 v. Chr.) habe ich je sechzig Denare den Leuten geben lassen, die damals zu den Empfängern staatlichen Getreides gehörten; es waren dies ein wenig mehr als zweihunderttausend.

Den autonomen Gemeinden habe ich Geld für das Ackerland gegeben, welches ich in meinem vierten Konsulat (30 v. Chr.) und später unter den Konsuln M. Crassus und Cn. Lentulus Augur (14 v. Chr.) den Soldaten zugewiesen habe. Diese Entschädigungssumme betrug insgesamt sechshundert Millionen Sesterzen, die ich für italische Grundstücke gezahlt, und ungefähr zweihundertsechzig Millionen, die ich für Ackerland in den Provinzen ausgegeben habe. Das habe ich als erster und einziger von allen getan, die Soldatenansiedlungen in Italien oder den Provinzen durchgeführt haben, soweit die Erinnerung heute zurückreicht. Und später, unter den Konsuln Ti. Nero und Cn. Piso (7 v. Chr.), desgleichen unter den Konsuln C. Antistius und D. Laelius (6 v. Chr.), C. Calvisius und L. Pasienus (4 v. Chr.), L. Lentulus und M. Messala (3 v. Chr.) und ebenso unter L. Caninius und Q. Fabricius (2 v. Chr.) habe ich den Soldaten, die ich nach Ableistung ihrer Dienstzeit in ihre Heimatgemeinden zurückgeführt habe, Prämien in Geld gegeben, wofür ich an die vierhundert Millionen Sesterzen aufgewendet habe.

Viermal habe ich dem Staatsschatz mit meinen eigenen Mitteln ausgeholfen, indem ich hundertfünfzig Millionen Sesterzen den Verwaltern dieser Kasse übergeben habe. Und unter den Konsuln M. Lepidus und L. Arruntius (6 n. Chr.) habe ich in den Militärfonds,

tare, quod ex consilio m[eo] co[ns]titutum est, ex [q]uo praemia
darentur militibus, qui vicena [aut plu]ra sti[pendi]a emeruis-
sent, HS milliens et septing[e]nti[ens ex pa]t[rim]onio [m]eo
detuli|⁴⁰.
 18. [Ab eo anno, q]uo Cn. et P.Lentuli c[ons]ules fuerunt,
cum deficerent [ve]ct[i]g[alia, tum] centum millibus h[omi]num
tum pluribus multo frume[ntarios et n]umma[rio]s t[ributus ex
horr]eo et patr[i]monio m[e]o edidi.
IV 19. Curiam et continens ei Chalcidicum templumque Apollinis in Palatio cum porticibus, aedem divi Iuli, Lupercal, porticum ad circum Flaminium, quam sum appellari passus ex nomine
eius, qui priorem eodem in solo fecerat Octaviam, pulvinar ad
circum Maximum,|⁵ aedes in Capitolio Iovis Feretri et Iovis
Tonantis, aedem Quirini, aedes Minervae et Iunonis Reginae
et Iovis Libertatis in Aventino, aedem Larum in summa Sacra
via, aedem deum Penatium in Velia, aedem Iuventatis, aedem
Matris Magnae in Palatio feci.
 20. Capitolium et Pompeium theatrum utrumque opus im-
pensa grandi refeci|¹⁰ sine ulla inscriptione nominis mei. Rivos
aquarum compluribus locis vetustate labentes refeci, et aquam,

ἵνα ἐξ αὐτοῦ αἱ δωρεαὶ τοῖς ἀπολυομένοις στρατ[ι]ώταις
δίδωνται, ο[ἳ εἴκ]οσιν ἐνιαυτοὺς ἢ πλείονας ἐστρατεύσαντο,
μυριάδας τετρα[κ]ισχειλίας διακοσίας πεντήκοντα | ²⁰ἐκ τῆς
ἐμῆς ὑπάρξεως κατήνεγκα.
 18 ['Απ' ἐκ]είνου τ[ο]ῦ ἐνιαυτοῦ, ἐξ οὗ Νάϊος καὶ Πόπλιος
Λέντλοι ὕπατοι ἐγένοντο, ὅτε ὑπέλειπον αἱ δημόσιαι πρό-
σοδοι, ἄλλοτε μὲν δέκα μυριάσιν, ἄλ[λοτε] δὲ πλείοσιν
X σειτικὰς καὶ ἀργυρικὰς συντάξεις || ἐκ τῆς ἐμῆς ὑπάρξεως
ἔδωκα.
 19 Βουλευτήριον καὶ τὸ πλησίον αὐτῶι Χαλκιδικόν, ναόν
τε 'Απόλλωνος ἐν Παλατίωι σὺν στοαῖς, ναὸν θεοῦ 'Ιουλίου,
Πανὸς ἱερόν, στοὰν πρὸς ἱπ|⁵ποδρόμωι τῶι προσαγορευο-
μένωι Φλαμινίωι, ἣν εἴασα προσαγορεύεσθαι ἐξ ὀνόματος
ἐκείνου 'Οκταουῖαν, ὃς πρῶτος αὐτὴν ἀνέστησεν, ναὸν πρὸς
τῶι μεγάλωι Ἱπποδρόμωι, ναοὺς ἐν Καπιτωλίωι Διὸς
Τροπαιοφόρου καὶ Διὸς Βροντησίου, ναὸν |¹⁰ Κυρείνου,
ναοὺς 'Αθηνᾶς καὶ "Ηρας Βασιλίδος καὶ Διὸς 'Ελευθερίου ἐν
'Αουεντίνωι, ἡρώων πρὸς τῆι ἱερᾶι ὁδῶι, θεῶν κατοικιδίων
ἐν Οὐελίαι, ναὸν Νεότητος, ναὸν Μητρὸς θεῶν ἐν Παλατίωι
ἐποίησα.
 20 Καπιτώλιον καὶ τὸ Πομπηΐου θέατρον ἑκάτερον |¹⁵ τὸ
ἔργον ἀναλώμασιν μεγίστοις ἐπεσκεύασα ἄνευ ἐπιγραφῆς τοῦ
ἐμοῦ ὀνόματος. 'Αγωγοὺς ὑδάτω[ν ἐν πλεί]στοις τόποις τῆι
παλαιότητι ὀλισθάνοντας ἐπεσκεύασα καὶ ὕδωρ τὸ καλού-

der auf meine Anregung hin geschaffen wurde, um daraus den Soldaten, die ihre zwanzig oder mehr Dienstjahre abgeleistet hätten, die Entschädigungen zu zahlen, aus meinem Privatvermögen hundertsiebzig Millionen Sesterzen eingelegt.

Seit in dem Jahr, als Cn. und P. Lentulus Konsuln waren (18 v. Chr.), die Steuereingänge nicht ausreichten, habe ich bald hunderttausend Menschen, bald noch einer weit höheren Anzahl Getreide- und Geldzuteilungen aus meinen eigenen Speichern und meinem eigenen Vermögen anweisen lassen.

Ich habe errichtet die Curia und das daran anstoßende Chalcidicum, einen Apollotempel auf dem Palatin mit Säulenhallen, einen Tempel für den Gott gewordenen Iulius, das Lupercal, eine Säulenhalle beim Circus Flaminius, die ich die Octavische zu nennen gestattete nach dem, der an der gleichen Stelle zuerst eine solche errichtet hatte; ein Pulvinar beim Circus Maximus, Tempel auf dem Kapitol für Iuppiter Feretrius und Iuppiter Tonans, einen Tempel des Quirinus, Tempel der Minerva, der Iuno Regina und für Iuppiter Libertas auf dem Aventin, ein Heiligtum für die Laren an der höchsten Stelle der Via Sacra, auf der Velia einen Tempel der Penaten, ein Heiligtum der Iuventas und einen Tempel der Magna Mater auf dem Palatin.

Den kapitolinischen Tempel und das Theater des Pompeius, beide Bauwerke ließ ich mit großem Aufwand wiederherstellen, ohne daß irgend eine Inschrift mit meinem Namen angebracht wurde. Die Wasserleitungen, die an vielen Stellen bereits Altersschäden aufwiesen, habe ich wiederherstellen lassen, und die so-

quae Marcia appellatur, duplicavi fonte novo in rivum eius inmisso. Forum Iulium et basilicam, quae fuit inter aedem Castoris et aedem Saturni, coepta profligataque opera a patre meo, perfeci et eandem basilicam consumptam in|¹⁵cendio ampliato eius solo sub titulo nominis filiorum m[eorum i]ncohavi et, si vivus non perfecissem, perfici ab heredibus [meis ius]si. Duo et octoginta templa deum in urbe consul sex[tu]m ex [auctori]tate senatus refeci nullo praetermisso, quod e[o] tempore [refici debeba]t. Consul septimum viam Flaminiam a[b urbe] Ari[minum refeci pontes]que|²⁰ omnes praeter Mulvium et Minucium.

21. In privato solo Martis Ultoris templum [f]orumque Augustum [ex ma]n[i]biis feci. Theatrum ad aedem Apollinis in solo magna ex parte a p[r]i[v]atis empto feci, quod sub nomine M.Marcell[i] generi mei esset. Don[a e]x manibiis in Capitolio et in aede divi Iu[l]i et in aede Apollinis et in ae|²⁵de Vestae et in templo Martis Ultoris consacravi, quae mihi constiterunt HS circiter milliens. Auri coronari pondo triginta et quinque millia

μενον Μάρτιον ἐδίπλωσα πηγὴν νέαν εἰς τὸ ῥεῖθρον |²⁰ [αὐτοῦ ἐποχετεύσ]ας. ᾿Αγορὰν ᾿Ιουλίαν καὶ βασιλικήν, ἥτις ἦν μετα[ξὺ τ]οῦ τε ναοῦ τῶν Διοσκό[ρω]ν καὶ Κρόνου, προκαταβεβλημένα ἔργα ὑπὸ τοῦ [πατρός μου, ἐτελείωσα] καὶ τὴν αὐτὴν βασιλικὴν [κατακαυθεῖσαν ἐν αὐξηθέντι] ἐδάφει
XI αὐτῆς ἐξ ἐπι || γραφῆς ὀνόματος τῶν ἐμῶν υἱῶν ὑπ[ηρξάμη]ν, καὶ εἰ μὴ αὐτὸς τετελειώκ[ο]ι[μι, τ]ελε[ι]ω[θῆναι ὑπὸ] τῶν ἐμῶν κληρονόμων ἐπέταξα. Δ[ύ]ο [καὶ ὀγδο]ήκοντα ναοὺς ἐν τῆι πόλ[ει ἔκτ]ον ὑπ[ατος δόγμα]|⁵τι συνκ[λ]ήτου ἐπεσκεύασ[α] ο[ὐ]δένα π[ε]ριλ[ιπών, ὃς] ἐκείνωι τῶι χρόνωι ἐπισκευῆς ἐδεῖτο. [῾Υ]πα[τος ἕ]βδ[ο]μον ὁδὸν Φ[λαμινίαν ἀπὸ] ῾Ρώμης [εἰς ᾿Αρίμινον] γ[εφ]ύρας τε τὰς ἐν αὐτῆι πάσας ἔξω δυεῖν τῶν μὴ ἐπ[ι]δεομένων ἐπ[ι]σκευῆς ἐπόησα. |¹⁰
21 ᾿Εν ἰδιωτικῶι ἐδάφει ῎Αρεως ᾿Αμύντορος ἀγοράν τε Σεβαστὴν ἐκ λαφύρων ἐπόησα. Θέατρον πρὸς τῶι ᾿Απόλλωνος ναῶι ἐπὶ ἐδάφους ἐκ πλείστου μέρους ἀγορασθέντος ἀνήγειρα ἐπὶ ὀνόματος Μαρκέλλου τοῦ γαμβροῦ μου. ᾿Αναθέματα ἐκ λαφύρων ἐν Καπι|¹⁵τωλίωι καὶ ναῶι ᾿Ιουλίωι καὶ ναῶι ᾿Απόλλωνος καὶ ῾Εστίας καὶ ῎Α[ρεω]ς ἀφιέρωσα, ἃ ἐμοὶ κατέστη ἐγγὺς μυριάδω[ν δι]σχε[ι]λίων πεντακ[οσίων]. Εἰς χρυσοῦν στέφανον λειτρῶν τρισ[μυρίων πεντακισχειλίων καταφερούσαις ταῖς ἐν ᾿Ιταλί|²⁰αι πολει-

28

genannte Aqua Marcia durch Zuleitung einer neuen Quelle zu ihrem Strang in ihrer Leistung verdoppelt. Das Forum Iulium und die zwischen den Tempeln des Castor und Saturn gelegene Basilika, deren Bau von meinem Vater begonnen und fast vollendet wurde, habe ich fertiggestellt, und als dieselbe Basilika durch einen Brand vernichtet wurde, habe ich sie mit vergrößertem Grundriß unter dem Namen meiner Söhne zu bauen begonnen, wobei ich anordnete, daß sie, sofern ich selbst sie zu meinen Lebzeiten nicht mehr fertigstellen könnte, durch meine Erben vollendet würde. Zweiundachtzig Heiligtümer der verschiedensten Gottheiten habe ich in der Stadt, als ich zum sechsten Mal Konsul war (28 v. Chr.), mit Ermächtigung durch den Senat wiederherstellen lassen; dabei wurde keines übersehen, welches zu dieser Zeit einer Erneuerung bedurfte. In meinem siebenten Konsulat (27 v. Chr.) ließ ich die Via Flaminia von der Stadt Rom bis hin nach Ariminum erneuern, sowie sämtliche Brücken mit Ausnahme der Mulvischen und der Minucischen.

Auf Privatgrund habe ich einen Tempel des Mars Ultor und das Augustusforum aus Mitteln der Kriegsbeute errichtet. Nahe dem Apollotempel ließ ich auf einem Grund, der zu einem großen Teil seinen privaten Besitzern erst abgekauft werden mußte, ein Theater erbauen, welches den Namen meines Schwiegersohnes M. Marcellus tragen sollte. Weihgeschenke aus der Kriegsbeute habe ich auf dem Kapitol, im Heiligtum des Divus Iulius, im Heiligtum des Apollo und der Vesta sowie im Tempel des Mars Ultor dargebracht, die mich auf insgesamt hundert Millionen Sesterzen zu stehen kamen. Fünfunddreißigtausend Pfund Gold,

municipiis et colonis Italiae conferentibus ad triumpho[s] meos quintum consul remisi et postea, quotienscumque imperator a[ppe]llatus sum, aurum coronarium non accepi decernentibus municipii[s]|[30] et colonis aequ[e] beni[g]ne adque antea decreverant. 22. Ter munus gladiatorium dedi meo nomine et quinquiens filiorum meorum aut n[e]potum nomine, quibus muneribus depugnaverunt hominum ci[rc]iter decem millia. Bis athletarum undique accitorum spectaculu[m] p[o]pulo pra[ebui me]o nomine et tertium nepo[tis] mei no|[35]mine. Ludos feci m[eo no]m[ine] quater, aliorum autem m[agist]ratuum vicem ter et viciens. [Pr]o conlegio XV virorum magis[ter con]legii collega M. Agrippa lu[dos s]aeclares C. Furnio C. Silano cos. [feci. C]onsul XIII ludos Mar[tia]les pr[imus fec]i, quos p[ost i]d tempus deinceps ins[equen]ti[bus] annis [s. c. et lege fe]cerunt [co]n[su]les. [Ven]ation[es] best[ia]|[40]rum Africanarum meo nomine aut filio[ru]m meorum et nepotum in ci[r]co aut in foro aut in amphitheatris popul[o d]edi sexiens et viciens, quibus confecta sunt bestiarum circiter tria m[ill]ia et quingentae.

τείαις καὶ ἀποικίαις συνεχώρη[σ]α τὸ [πέμ]πτον ὑπατεύων καὶ ὕστερον, ὁσάκις αὐτοκράτωρ προσηγορεύθην, τὰς εἰς τὸν στέφανον ἐπαγγελίας οὐκ ἔλαβον ψηφιζομένων τῶν π[ολειτει]ῶν καὶ ἀποικιῶν μετὰ τῆς αὐτῆς προθυμίας ὡς τὸ **XII** || α[ὐτὸ πρὶν ἐψηφίσαντο].

22 [Τρὶς μ]ονομαχίας ἔδωκα τῶι ἐμῶι ὀνόματι καὶ πεν[τάκις τῶν υἱῶν μου ἢ υἱ]ωνῶν, ἐν αἷς μονομαχίας ἐπύκτευσαν ὡς μύρι[ο]ι. Δὶς ἀθλητῶ[ν] παν|[5]τ[όθεν] μετακεκλημένων τὴν τοῦ ἀγῶνος θέαν τῶι δήμ[ωι π]αρέσχον τ[ῶι ἐ]μῶι ὀνόματι καὶ τρίτον τοῦ ἐμοῦ υἱωνοῦ. Θέας ἐποίησα δι᾿ ἐμοῦ τετράκ[ις], διὰ δὲ τῶν ἄλλων ἀρχῶν ἐν μέρει τρὶς καὶ εἰκοσάκις. Ὑπὲρ τῶν δεκαπέντε [ἀνδρ]ῶν ἔχων συνάρχοντα |[10] Μᾶρκον Ἀγρίππαν θέας τὰς διὰ ἑκατὸν ἐτῶν γεινομένας ὀν[ο]μαζομένα]ς σαικλάρεις ἐποίησα Γαΐωι Φουρνίωι καὶ Γαΐωι Σε[ι]λανῶι ὑπάτοις. Ὕπατος τρεισκαιδέκατον θέας Ἄρει πρῶτος ἐποίησα, ἃς μετ᾿ ἐκεῖνο[ν χ]ρόνον ἑξῆς [τοῖς μ]ετέπειτα ἐνιαυτοῖς |[15] δόγματι συνκλήτου καὶ νόμωι ἐποίησαν οἱ ὕπα[τοι]. Θηρομαχίας τῶι δήμωι τῶν] ἐκ Λιβύης θηρίων ἐμῶι ὀνόματι ἢ υἱῶν ἢ υἱων[ῶν ἐν τῶι ἱπποδρόμωι ἢ ἐν τῆι ἀγορᾶι ἢ ἐν τοῖς] ἀμφιθεάτροις ἔδωκα ἑξάκις καὶ εἰκοσάκις, ἐν [αἷς κατεσφάγη θηρία |[20] ἐγγὺς τρισχείλια] καὶ πεντακόσια.

30

welches in Form des »Kranzgoldes« die Städte und Gemeinden Italiens anläßlich meiner Triumphe zusammensteuerten, habe ich in meinem fünften Konsulat (29 v. Chr.) zurückgewiesen und nahm auch später, sooft ich zum Imperator ausgerufen wurde, dieses Kranzgold nicht an, obwohl es mir ebenso bereitwillig wie vorher durch Beschlüsse der einzelnen Städte und Gemeinden zugesprochen wurde.

Dreimal habe ich in meinem eigenen Namen Gladiatorenspiele veranstaltet und fünfmal in dem meiner Söhne oder Enkel; bei diesen Spielen kämpften etwa zehntausend Menschen. Zweimal bot ich dem Volk ein Schauspiel mit von überall herbeigeholten Athleten in eigenem Namen, ein drittes Mal im Namen meines Enkels. Andere Spiele habe ich viermal in eigenem Namen veranstaltet, anstelle von anderen Beamten dreiundzwanzigmal. Für das Kollegium der Quindecemviri habe ich als dessen Vorstand mit meinem Amtsgenossen M. Agrippa unter den Konsuln C. Furnius und C. Silanus (17 v. Chr.) die Feiern zur Beendigung eines *saeculum* abhalten lassen. In meinem dreizehnten Konsulat (2 v. Chr.) richtete ich zum ersten Mal die »Spiele des Mars« aus, die nachher, in den darauffolgenden Jahren, von den Konsuln veranstaltet wurden, wie Senatsbeschluß und Gesetz es festlegten. Tierhetzen mit afrikanischen Raubtieren habe ich in meinem Namen oder in dem meiner Söhne und Enkel im Zirkus oder auf dem Forum oder im Amphitheater für das Volk sechsundzwanzigmal durchführen lassen, wobei ungefähr dreitausendfünfhundert Tiere erlegt wurden.

23. Navalis proeli spectaclum populo de[di tr]ans Tiberim, in quo loco nunc nemus est Caesarum, cavato [s]olo in longitudinem mille|⁴⁵ et octingentos pedes, in latitudine[m mille] e[t] ducenti. In quo triginta rostratae naves triremes a[ut birem]es, plures autem minores inter se conflixerunt. Q[uibu]s in classibus pugnaverunt praeter remiges millia ho[minum tr]ia circiter.

24. In templis omnium civitatium prov[inci]ae Asiae victor orna|⁵⁰menta reposui, quae spoliatis tem[plis i]s, cum quo bellum gesseram, privatim possederat. Statuae [mea]e pedestres et equestres et in quadrigeis argenteae steterunt in urbe XXC circiter, quas ipse sustuli exque ea pecunia dona aurea in aede Apollinis meo nomine et illorum, qui mihi statuarum honorem habuerunt, posui.

V 25. Mare pacavi a praedonibus. Eo bello servorum, qui fugerant a dominis suis et arma contra rem publicam ceperant, triginta fere millia capta dominis ad supplicium sumendum tradidi. Iuravit in mea verba tota Italia sponte sua et me be[lli], quo vici ad Actium, ducem depoposcit. Iura|⁵verunt in eadem ver[ba provi]nciae Galliae, Hispaniae, Africa, Sicilia, Sardinia. Qui sub [signis meis tum] militaverint, fuerunt senatores plures

23 Ναυμαχίας θέαν τῶι δήμ[ωι ἔδω]κα πέ[ρ]αν τοῦ Τι[βέριδος, ἐν ὧι τό]πω[ι] νῦν ἐστιν ἄλσος Καισάρων ἐκκεχωσμ[ένης τῆς γῆς] ε[ἰ]ς μῆκ[ο]ς χειλίων ὀκτακοσίων
XIII ποδῶν, εἰς πλάτος χειλίων διακο[σ]ίων. Ἐν ἧι || τριάκο[ν]τα ναῦς ἔμβολα ἔχουσαι τριήρεις ἢ δίκροτοι, αἱ δὲ ἥσσονες πλείους ἐναυμάχησαν. Ἐν τ[ούτωι] τῶι στόλωι ἠγωνίσαντο ἔξω τῶν ἐρετῶν πρόσπου ἄνδρες τρ[ι]σχ[ε]ί[λ]ιοι. |⁵

24 [Εἰς ν]αοὺς πασῶν πόλεων τῆς Ἀσίας νεικήσας τὰ ἀναθέ[ματα ἀπ]οκατέστησα, [ἃ] κατεσχήκει ἱεροσυλήσας ὁ ὑπ’ ἐμοῦ καταγωνισθεὶς πολέ[μιος]. Ἀνδριάντες πεζοὶ καὶ ἔφιπποί μου καὶ ἐφ’ ἅρμασιν ἀργυροῖ εἰστήκεισαν ἐν τῆι πόλει ἐνγὺς ὀγδοήκοντα, οὓς αὐτὸς ἧρα, |¹⁰ ἐκ τούτου τε τοῦ χρήματος ἀναθέματα χρυσᾶ ἐν τῶι ναῶι τοῦ Ἀπόλλωνος τῶι τε ἐμῶι ὀνόματι καὶ ἐκείνων, οἵτινές με [τ]ούτοις τοῖς ἀνδριᾶσιν ἐτείμησαν, ἀνέθηκα.

25 Θάλασσα[ν] πειρατευομένην ὑπὸ ἀποστατῶν δού|¹⁵λων [εἰ]ρήνευσα· ἐξ ὧν τρεῖς που μυριάδας τοῖς δε[σπόται]ς εἰς κόλασιν παρέδωκα. Ὤμοσεν εἰς τοὺς ἐμοὺς λόγους ἅπασα ἡ Ἰταλία ἑκοῦσα κά[μὲ πολέμου], ὧι ἐπ’ Ἀκτίωι ἐνείκησα, ἡγεμόνα ἐξη[τήσατο. Ὤ]μοσαν εἰς τοὺς [αὐτοὺ]ς λόγους ἐπαρ|²⁰χεῖαι Γαλατία, Ἱσπανία, Λιβύη, Σι[κελία, Σαρ]δώ. Οἱ ὑπ’ ἐμ[αῖς σημέαις τό]τε στρατευ[σάμε]νοι ἦσαν συνκλητικοὶ πλε[ίους ἑπτ]α[κοσί]ων. [ἓ]ν [αὐτοῖς, οἳ ἢ

Das Schauspiel einer Seeschlacht veranstaltete ich für das Volk jenseits des Tiber an der Stelle, wo jetzt der Hain des C. und L. Caesar liegt; dafür mußte der Grund in der Länge von tausendachthundert Fuß und tausendzweihundert Fuß in der Breite ausgeschachtet werden. Bei dieser Gelegenheit fuhren dreißig mit Rammspornen versehene Schiffe, Drei- oder Zweiruderer, und eine noch größere Anzahl von kleineren Schiffen gegeneinander los; auf diesen Flotten kämpften ungefähr dreitausend Mann, abgesehen von den Ruderknechten.

In den Tempeln aller Städte der Provinz Asien habe ich als Sieger die Kostbarkeiten wieder aufstellen lassen, die derjenige, mit dem ich Krieg geführt, durch Plünderung dieser Heiligtümer in seinen persönlichen Besitz gebracht hatte. Silberne Standbilder meiner Person, stehend oder zu Pferd und auf Viergespannen gab es in der Stadt etwa achtzig. Ich ließ sie selbst entfernen und aus ihrem Erlös goldene Weihgeschenke im Tempel des Apollo aufstellen, und zwar im eigenen Namen sowie im Namen derer, die mich durch diese Statuen ehren wollten.

Das Meer habe ich von der Seeräuberplage befreit. In diesem Krieg habe ich von den Sklaven, die ihren Herrn entlaufen waren und Waffen wider den Staat ergriffen hatten, etwa dreißigtausend gefangen und ihren Besitzern zur Bestrafung übergeben. Mir hat aus freiem Entschluß ganz Italien den Gefolgschaftseid geleistet und mich als Führer für den Krieg erwählt, in welchem ich den Sieg bei Aktium errang. Ebenso legten auf mich den Eid ab die gallischen und spanischen Provinzen, Afrika, Sizilien und Sardinien. Damals kämpften unter

quam DCC, in ii[s, qui vel antea vel pos]tea consules facti sunt
ad eum diem, quo scripta su[nt haec, LXXXIII, sacerdo]tes
ci[rc]iter CLXX.

26. Omnium prov[inciarum populi Romani], quibus finiti-
mae fuerunt|[10] gentes, quae non p[arerent imperio nos]tro, fines
auxi. Gallias et Hispanias provincias i[tem Germaniam, qua
inclu]dit Oceanus a Gadibus ad ostium Albis flumin[is, pacavi.
Alpes a re]gione ea, quae proxima est Hadriano mari, [ad Tuscum pacari fec]i nulli genti bello per iniuriam inlato. Cla[ssis
m]ea p[er Oceanum] ab ostio Rheni ad solis orientis re|[15]gio-
nem usque ad fi[nes Cimbroru]m navigavit, quo neque terra
neque mari quisquam Romanus ante id tempus adit; Cimbrique
et Charydes et Semnones et eiusdem tractus alii Germanorum
popu[l]i per legatos amicitiam meam et populi Romani petie-
runt. Meo iussu et auspicio ducti sunt [duo] exercitus eodem
fere tempore in Aethiopiam et in Ar[a]biam, quae appel|[20][latur]
Eudaemon, [magn]aeque hos[t]ium gentis utr[iu]sque cop[iae]
caesae sunt in acie et [c]om[plur]a oppida capta; in Aethiopiam
usque ad oppidum Nabata pervent[um] est, cui proxima est
Meroe. In Arabiam usque ad fines Sabaeorum pro[cess]it exercitus ad oppidum Mariba.

πρότερον ἢ μετέπει]τα ἐγένοντο ὕπατοι ἄχρι ἐ[κ]ε[ί]ν[ης
τῆς ἡ]μέ[ρας, ἐν ἧι ταῦτα γέγραπτα]ι, ὁ[γδοή]κοντα τρεῖς,
XIV ἱερεῖς || πρόσπου ἑκατὸν ἑβδομή[κ]οντα.

26 Πασῶν ἐπαρχειῶν δήμο[υ ˁΡω]μαίων, αἷς ὅμορα ἦν
ἔθνη τὰ μὴ ὑποτασσ[όμ]ενα τῆι ἡμετέραι ἡγεμονία, τοὺς
ὅρους ἐπεύξ[ησ]α. Γαλατίας καὶ ˁΙσ|[5]πανίας, ὁμοίως δὲ
καὶ Γερμανίαν καθὼς ᾿Ωκεανὸς περικλείει ἀπ[ὸ] Γαδε[ίρ]ων
μέχρι στόματος ῎Αλβιος ποταμο[ῦ ἐν] εἰρήνη κατέστησα.
῎Αλπης ἀπὸ κλίματος τοῦ πλησίον Εἰονίου κόλπου μέχ-
ρι Τυρρηνικῆς θαλάσσης εἰρηνεύεσθαι πεπόηκα, οὐδενὶ |[10]
ἔθνει ἀδίκως ἐπενεχθέντος πολέμου. Στόλος ἐμὸς διὰ ᾿Ωκεα-
νοῦ ἀπὸ στόματος ˁΡήνου ὡς πρὸς ἀνατολὰς μέχρι ἔθνους
Κίμβρων διέπλευσεν, οὗ οὔτε κατὰ γῆν οὔτε κατὰ θάλασσαν
ˁΡωμαίων τις πρὸ τούτου τοῦ χρόνου προσῆλθεν· καὶ
Κίμβροι καὶ Χάλυ|[15]βες καὶ Σέμνονες ἄλλα τε πολλὰ ἔθνη
Γερμανῶν διὰ πρεσβειῶν τὴν ἐμὴν φιλίαν καὶ τὴν δήμου
ˁΡωμαίων ἠτήσαντο. ᾿Εμῆι ἐπιταγῆι καὶ οἰωνοῖς αἰσίοις
δύο στρατεύματα ἐπέβη Αἰθιοπίαι καὶ ᾿Αραβίαι τῆι εὐδαί-
μονι καλουμένηι, μεγάλας τε τῶν πο|[20]λεμίων δυνάμεις
κατέκοψεν ἐν παρατάξει καὶ πλείστας πόλεις δοριαλώτους
ἔλαβεν καὶ προέβη ἐν Αἰθιοπίαι μέχρι πόλεως Ναβάτης,
ἥτις ἐστὶν ἔγγιστα Μερόη ἐν ᾿Αραβίαι δὲ μέχρι πόλεως
Μαρίβας. ||

34

meinen Fahnen mehr als siebenhundert Männer senatorischen Ranges, und unter diesen befanden sich dreiundachtzig, die vorher oder später, bis zu dem Tag, an dem ich dies niederschreibe, zum Konsulat gelangt sind, sowie einhundertsiebzig Inhaber von Priesterämtern.

Bei allen Provinzen des römischen Volkes, denen Völkerschaften benachbart waren, die unserem Spruche nicht gehorchten, habe ich die Grenzen erweitert. Die gallischen und spanischen Provinzen und ebenso Germanien habe ich befriedet, ein Gebiet, welches durch den Ozean von Gades bis zur Mündung der Elbe umschlossen wird. Die Alpen ließ ich von der Gegend nahe der Adria bis zum Tyrrhenischen Meer besetzen, wobei keiner Völkerschaft der Krieg unrechtmäßig erklärt wurde. Meine Flotte segelte über den Ozean von der Mündung des Rhein weg in östliche Gegenden bis zu den Ländern der Cimbern, wohin weder zu Lande noch zu Wasser irgend ein Römer bis zu diesem Zeitpunkt je gelangt war. Die Cimbern, Charyden und Semnonen sowie andere germanische Völkerschaften dieses Gebietes erbaten durch Gesandte meine und des römischen Volkes Freundschaft. Auf meinen Befehl und unter meinen Auspizien wurden etwa zur selben Zeit zwei Heere gegen Äthiopien und Arabien, welches *Eudaemon* genannt wird, geführt; und bei beiden Völkerschaften wurden gewaltige Scharen von Feinden in der Schlacht niedergestreckt und mehrere befestigte Plätze eingenommen. In Äthiopien gelangte man bis zur Stadt Nabata, der Meroë benachbart ist. In Arabien rückte das Heer vor bis ins Gebiet der Sabäer zu dem Ort Mariba.

27. Aegyptum imperio populi [Ro]mani adieci. Armeniam maiorem inter|²⁵fecto rege eius Artaxe c[u]m possem facere provinciam, malui maiorum nostrorum exemplo regn[u]m id Tigrani, regis Artavasdis filio, nepoti autem Tigranis regis, per T[i. Ne]ronem trad[er]e, qui tum mihi priv[ig]nus erat. Et eandem gentem postea d[e]sciscentem et rebellantem domit[a]m per Gaium filium meum regi Ariobarzani, regis Medorum Artaba[zi] filio, regen|³⁰dam tradidi et post eius mortem filio eius Artavasdi. Quo interfecto Tig[ra]ne(m), qui erat ex regio genere Armeniorum oriundus, in id regnum misi. Provincias omnis, quae trans Hadrianum mare vergunt ad orien[te]m Cyrenasque, iam ex parte magna regibus ea possidentibus, et antea Siciliam et Sardiniam occupatas bello servili reciperavi|³⁵.

28. Colonias in Africa, Sicilia, [M]acedonia, utraque Hispania, Achai[a], Asia, S[y]ria, Gallia Narbonensi, Pi[si]dia militum deduxi. Italia autem XXVIII [colo]nias, quae vivo me celeberrimae et frequentissimae fuerunt, me[a auctoritate] deductas habet.

29. Signa militaria complur[a per] alios d[u]ces am[issa] devicti[s hostibu]s re[cepi]|⁴⁰ ex Hispania et [Gallia et a Dalm]ateis. Parthos trium exercitum Romanorum spolia et signa re[ddere]

27 Αἴγυπτον δήμου ῾Ρωμαίων ἡγεμονίαι προσέθηκα. ᾿Αρμενίαν τὴν μ[εί]ζονα ἀναιρεθέντος τοῦ βασιλέως δυνάμενος ἐπαρχείαν ποῆσαι μᾶλλον ἐβουλήθην κατὰ τὰ πάτρια ἡμῶν ἔθη βασιλείαν Τιγρά|⁵νηι, ᾿Αρταουάσδου υἱῶι, υἱωνῶι δὲ Τιγράνου βασιλέως, δ[ο]ῦν[α]ι διὰ Τιβερίου Νέρωνος, ὃς τότε μου πρόγονος ἦν· καὶ τὸ αὐτὸ ἔθνος ἀφιστάμενον καὶ ἀναπολεμοῦν δαμασθὲν ὑπὸ Γαΐου τοῦ υἱοῦ μου βασιλεῖ ᾿Αριοβαρζάνει, βασιλέως Μήδων ᾿Αρτα|¹⁰βάζου υἱῶι, παρέδωκα, καὶ μετὰ τὸν ἐκείνου θάνατον τῶι υἱῶι αὐτοῦ ᾿Αρταουάσδη· οὗ ἀναιρεθέντος Τιγράνην, ὃς ἦν ἐκ γένους ᾿Αρμενίου βασιλικοῦ, εἰς τὴν βασιλείαν ἔπεμψα. ᾿Επαρχείας ἁπάσας, ὅσαι πέραν τοῦ Εἰονίου κόλπου διατείνουσι πρὸς ἀνα|¹⁵τολάς, καὶ Κυρήνην ἐκ μείζονος μέρους ὑπὸ βασιλέων κατεσχημένας καὶ ἔμπροσθεν Σικελίαν καὶ Σαρδὼ προκατειλημένας πολέμωι δουλικῶι ἀνέλαβον.

28 ᾿Αποικίας ἐν Λιβύηι, Σικελίαι, Μακεδονίαι, ἐν ἑκατέρα τε ῾Ισπανίαι, ᾿Αχαίαι, ᾿Ασίαι, Συρίαι, Γαλατίαι τῆι πε|²⁰ρὶ Νάρβωνα, Πισιδίαι στρατιωτῶν κατήγαγον. ᾿Ιταλία δὲ εἴκοσι ὀκτὼ ἀποικίας ἔχει ὑπ᾿ ἐμοῦ καταχθείσας, αἳ ἐμοῦ περιόντος πληθύουσαι ἐτύγχανον.

29 Σημέας στρατιωτικὰς [πλείστας ὑ]πὸ ἄλλων ἡγεμόνων
ἀποβεβλημένας [νικῶν τοὺ]ς πολεμίους || ἀπέλαβον ἐξ ῾Ισπανίας καὶ Γαλατίας καὶ παρὰ Δαλματῶν. Πάρθους

Ägypten habe ich dem Herrschaftsbereich des römischen Volkes hinzugefügt. Als ich Großarmenien nach der Ermordnung seines Königs Artaxes zur Provinz hätte machen können, habe ich es nach dem Beispiel unserer Väter vorgezogen, dieses Reich dem Tigranes (II.), dem Sohn des Königs Artavasdes und Enkel des Königs Tigranes (I.) durch Tiberius Nero übertragen zu lassen, der damals noch mein Stiefsohn war. Und als dasselbe Volk später abfiel, einen Aufstand unternahm und von meinem Sohn Gaius unterworfen wurde, habe ich es dem König Ariobarzanes, einem Sohn des Mederkönigs Artabazos, zur Herrschaft übergeben und nach dessen Tod seinem Sohn Artavasdes. Als letzterer ermordet wurde, sandte ich Tigranes (IV.) in dieses Reich, der aus dem armenischen Königsgeschlecht stammte. Alle Provinzen, die sich von der Adria gegen Osten erstrecken, und Kyrene, welches sich schon zum großen Teil in der Hand fremder Könige befand, habe ich ebenso wie vorher die im Sklavenkrieg besetzten Inseln Sizilien und Sardinien wieder zurückgewonnen.

Durch Ansiedlung von Soldaten gründete ich Städte in Afrika, Sizilien, Makedonien, den beiden spanischen Provinzen, in Achaia, Asien, Syrien, der Gallia Narbonensis und Pisidien. In Italien selbst waren achtundzwanzig Städte auf meine Veranlassung hin gegründet worden. die zu meinen Lebzeiten bereits volkreich waren und in höchster Blüte standen.

Zahlreiche militärische Feldzeichen, die durch andere Heerführer verloren worden waren, habe ich durch die Niederringung der Feinde aus Spanien und Gallien sowie von den Dalmatern wiedererlangt. Die Parther

mihi supplicesque amicitiam populi Romani petere coegi. Ea
autem si[gn]a in penetrali, quod e[s]t in templo Martis Ultoris,
reposui.
30. Pannoniorum gentes, qua[s a]nte me principem populi
Romani exercitus nun|⁴⁵quam adit, devictas per Ti. [Ne]ronem,
qui tum erat privignus et legatus meus, imperio populi Romani
s[ubie]ci protulique fines Illyrici ad r[ip]am fluminis Dan[u]i.
Citr[a] quod [D]a[cor]u[m tr]an[s]gressus exercitus meis a[u]-
sp[icis vict]us profligatusque [es]t et pos[tea tran]s Dan[u]vium
ductus ex[ercitus me]u[s] Da[cor]um gentes im[peri]a p[opuli]
R[omani perferre coegit]|⁵⁰.
31. Ad me ex In[dia regum legationes saepe missae sunt non
visae ante id t]em[pus] apud qu[em]q[uam] R[omanorum du]-
cem. Nostram amic[itiam appetive]run[t] per legat[os] B[a]star-
n[ae Scythae]que et Sarmatarum, qui su[nt citra fl]umen Tanaim
[et] ultra reg[es, Alba]norumque rex et Hiberorum e[t Medorum].
32. Ad me supplices confug[erunt] reges Parthorum Tiri-
VI da[te]s et post[ea] Phrat[es], || regis Phrati[s] filiu[s], Medorum
Ar[tavasdes, Adiabenorum A]rtaxares, Britann[o]rum Dumnobellaunus et Tin[commius, Sugambr]orum Maelo, Mar[c]o-

τριῶν στρατευμάτων ῾Ρωμαίων σκῦλα καὶ σημέας ἀποδοῦναι
ἐμοὶ ἱκέτας τε φιλίαν δήμου ῾Ρωμαίων ἀξιῶσαι ἠνάγκασα.
Ταύτας |⁵ δὲ τὰς σημέας ἐν τῶι ῎Αρεως τοῦ ᾽Αμύντορος
ναοῦ ἀδύτωι ἀπεθέμην.
30 Παννονίων ἔθνη, οἷς πρὸ ἐμοῦ ἡγεμόνος στράτευμα
῾Ρωμαίων οὐκ ἤγγισεν, ἡσσηθέντα ὑπὸ Τιβερίου Νέρωνος,
ὃς τότε μου ἦν πρόγονος καὶ πρεσβευτής, |¹⁰ ἡγεμονίαι
δήμου ῾Ρωμαίων ὑπέταξα τά τε ᾽Ιλλυρικοῦ ὅρια μέχρι
῎Ιστρου ποταμοῦ προήγαγον. Οὗ ἐπεί ταδε Δάκων διαβᾶσα
πολλὴ δύναμις ἐμοῖς αἰσίοις οἰωνοῖς κατεκόπη, καὶ ὕστερον
μεταχθὲν τὸ ἐμὸν στράτευμα πέραν ῎Ιστρου τὰ Δάκων ἔθνη
προστάγματα |¹⁵ δήμου ῾Ρωμαίων ὑπομένειν ἠνάγκασεν.
31 Πρὸς ἐμὲ ἐξ ᾽Ινδίας βασιλέων πρεσβεῖαι πολλάκις
ἀπεστάλησαν, οὐδέποτε πρὸ τούτου χρόνου ὀφθεῖσαι παρὰ
῾Ρωμαίων ἡγεμόνι. Τὴν ἡμετέραν φιλίαν ἠξίωσαν διὰ πρέσ-
βεων Βαστάρναι καὶ Σκύθαι καὶ Σαρμα|²⁰τῶν οἱ ἐπίταδε
ὄντες τοῦ Τανάιδος ποταμοῦ καὶ οἱ πέραν δὲ βασιλεῖς, καὶ
᾽Αλβανῶν δὲ καὶ ᾽Ιβήρων καὶ Μήδων βασιλέες.
32 Πρὸς ἐμὲ ἱκέται κατέφυγον βασιλεῖς Πάρθων μὲν Τειρι-
XVII δάτης καὶ μετέπειτα Φραάτης, βασιλέως || Φράτου [υἱός,
Μ]ήδ[ων] δὲ ᾽Αρταο[υάσδ]ης, ᾽Αδιαβ[η]νῶν [᾽Α]ρτα[ξάρης,
Βριτ]ανῶν Δομνοελλαῦνος καὶ Τ[ινκόμμιος, Σο]υ[γ]άμβρων

38

habe ich veranlaßt, die Beute und Feldzeichen dreier römischer Heere mir zurückzugeben und demütig die Freundschaft des römischen Volkes zu erbitten. Diese Feldzeichen aber ließ ich im innersten Heiligtum des Tempels des Mars Ultor aufbewahren.

Die pannonischen Völkerschaften, die vor meiner Regierungszeit kein Heer des römischen Volkes angegriffen hat, habe ich durch Tiberius Nero, meinen damaligen Stiefsohn und beauftragten Oberkommandierenden, besiegen und der Herrschaft des römischen Volkes unterwerfen lassen, wodurch die Grenzen des römischen Illyricum bis ans Ufer der Donau vorgeschoben wurden. Als über diese eine dakische Streifschar herüberkam, wurde sie unter mir als oberstem Kriegsherrn geschlagen und vernichtet, und mein daraufhin über die Donau geführtes Heer hat die dakischen Stämme gezwungen, den Anordnungen des römischen Volkes Folge zu leisten.

Zu mir wurden mehrfach Gesandtschaften der Könige Indiens geschickt, wie sie noch niemals zuvor bei einer der führenden Persönlichkeiten Roms gesehen worden waren. Um unsere Freundschaft bewarben sich durch Gesandte die Bastarner, Skythen und die Könige der Sarmaten, die diesseits und jenseits des Flusses Tanais wohnen, sowie die Könige der Albaner, der Hiberer und Meder.

Zu mir nahmen demütig bittend ihre Zuflucht die Partherkönige Tiridates und später Phraates (V.), der Sohn des Königs Phraates (IV.), die Könige der Meder Artavasdes, von Adiabene Artaxares, von Britannien Dumnobellaunus und Tincommius, der Sugambrer

manorum Sueborum [.....rus]. Ad [me re]x Parthorum Phrates, Orod[i]s filius, filios suos nepot[esque omnes] misit in Ita-
liam non |⁵ bello superatu[s], sed amicitiam nostram per [libe]-
ror[um] suorum pignora petens. Plurimaeque aliae gentes ex-
per[tae sunt p. R.] fidem me principe, quibus antea cum populo
Roman[o nullum extitera]t legationum et amicitiae [c]ommer-
cium.

33. A me gentes Parthorum et Medoru[m per legatos] prin-
cipes earum gen|¹⁰tium reges pet[i]tos acceperunt, Par[thi Vo-
nonem, regis Ph]ratis filium, regis Orodis nepotem, Medi Ario-
ba[rzanem], regis Artavazdis filium, regis Ariobarzanis nepotem.

34. In consulatu sexto et septimq, po[stquam b]ella [civil]ia
exstinxeram per consensum universorum [potitus reru]m om-
[n]ium, rem publicam|¹⁵ ex mea potestate in senat[us populique
Rom]ani [a]rbitrium transtuli. Quo pro merito meo senatu[s
consulto Au]gust[us appe]llatus sum et laureis postes aedium
mearum v[estiti] publ[ice coronaq]ue civica super ianuam meam
fixa est [et clu]peus [aureu]s in [c]uria Iulia positus, quem mihi
senatum pop[ulumq]ue Rom[anu]m dare virtutis cle|²⁰men-
t[iaeque e]t iustitiae et pieta[tis cau]sa testatu[m] est pe[r e]ius

[Μ]αίλων, Μαρκομάνων [Σουήβων .....]ρος. [Πρὸ]ς ἐμὲ
βασιλεὶς |⁵ Πάρθων Φρα[άτης, 'Ωρώδο]υ υἱό[ς, υ]ἱούς
[αὐτοῦ] υἱωνούς τε πάντας ἔπεμψεν εἰς 'Ιταλίαν, οὐ πολέμωι
λειφθείς, ἀλλὰ τὴν ἡμ[ε]τέραν φιλίαν ἀξιῶν ἐπὶ τέκνων
ἐνεχύροις. Πλεῖστά τε ἄλλα ἔθνη πεῖραν ἔλ[α]βεν δήμου
'Ρωμαίων πίστεως ἐπ' ἐμοῦ ἡγεμόνος, |¹⁰ οἷς τὸ πρὶν οὐδε-
μία ἦν πρὸς δῆμον 'Ρωμαίων π[ρε]σβειῶν καὶ φιλίας κοι-
νωνία.

33 Παρ' ἐμοῦ ἔθνη Πάρθων καὶ Μήδων διὰ πρέσβεων τῶν
παρ' αὐτοῖς πρώτων βασιλεῖς αἰτησάμενοι ἔλαβ[ον]· Πάρθοι
Οὐονώνην, βασιλέως Φράτου υ[ἱ]όν, βασιλ[έω]ς |¹⁵ 'Ωρώ-
δου υἱωνόν, Μῆδοι 'Αριοβαρζάνην, βα[σ]ιλέως 'Αρταβάζου
υἱόν, βασιλέως 'Αριοβαρζάν[ου υἱω]νόν.

34 'Εν ὑπατείαι ἕκτηι καὶ ἐβδόμηι μετὰ τὸ τοὺς ἐνφυ-
λίους ζβέσαι με πολέμους [κ]ατὰ τὰς εὐχὰς τῶν ἐμῶν
πολε[ι]τῶν ἐνκρατὴς γενόμενος πάντων τῶν |²⁰ πραγμάτων
ἐκ τῆς ἐμῆς ἐξουσίας εἰς τὴν τῆς συνκλήτου καὶ τοῦ δήμου
τῶν 'Ρωμαίων μετήνεγκα κυρίηαν. 'Εξ ἧς αἰτίας δόγματι
συνκλήτου Σεβαστὸς προσ[ηγορε]ύθην καὶ δάφναις δημοσίαι
τὰ πρόπυλ[ά μου ἐστέφθ]η, ὅ τε δρύινος στέφανος ὁ διδό-
XVIII μενος || ἐπὶ σωτηρία τῶν πολειτῶν ὑπερά[ν]ω τοῦ πυλῶνος
τῆς ἐμῆς οἰκίας ἀνετέθη ὅπ[λ]ον τε χρυσοῦν ἐν τῶι βο[υ]-
λευτηρίωι ἀνατεθ[ὲ]ν ὑπό τε τῆς συνκλήτου καὶ τοῦ δήμου

Maelo, und … rus von den Markomannen, die zur suebischen Völkerfamilie gehören. Der Partherkönig Phraates (IV.), der Sohn des Orodes, hat alle seine Söhne und Enkel zu mir nach Italien gesandt, nicht weil er im Krieg überwunden worden war, sondern weil er sich um unsere Freundschaft mit dem Unterpfand seiner Kinder bewerben wollte. Auch viele andere Völker haben während meiner Regierung die Redlichkeit des römischen Volkes in Erfahrung bringen können, obwohl sie zuvor mit dem römischen Volk keinerlei Gesandtschafts- oder Freundschaftsverhältnis gepflegt hatten.

Aus meiner Hand empfingen die Völker der Parther und Meder die Könige, die sie durch Gesandte, Fürsten dieser Völker, erbeten hatten; die Parther Vonones, den Sohn des Königs Phraates (IV.) und Enkel des Königs Orodes, die Meder Ariobarzanes, den Sohn des Königs Artavasdes und Enkel des Königs Ariobarzanes.

In meinem sechsten und siebenten Konsulat (28 und 27 v. Chr.), nachdem ich den Bürgerkriegen ein Ende gesetzt hatte, habe ich, der ich mit Zustimmung der Allgemeinheit zur höchsten Gewalt gelangt war, den Staat aus meinem Machtbereich wieder der freien Entscheidung des Senats und des römischen Volkes übertragen. Für dieses mein Verdienst wurde ich auf Senatsbeschluß Augustus genannt, die Türpfosten meines Hauses wurden öffentlich mit Lorbeer geschmückt, der Bürgerkranz über meinem Tor angebracht sowie ein goldener Schild in der Curia Iulia aufgehängt, den mir Senat und Volk von Rom widmeten ob meiner Tapferkeit, Milde, Gerechtigkeit und Pflichttreue, wie die auf diesem Schild angebrachte Inschrift bezeugt. Seit dieser

clupei [inscription]em. Post id tem[pus a]uctoritate [omnibus
praestiti, potest]atis au[tem n]ihilo ampliu[s habu]i quam cet[eri,
qui m]ihi quoque in ma[gis]tra[t]u conlegae f[uerunt].
35. Tertium dec[i]mum consulatu[m cum gereba]m, sena[tus
et e]quester ordo |³⁵ populusq[ue] Romanus universus [appell]a-
v[it me pat]re[m p]atriae idque in vestibu[lo a]edium mearum
inscribendum et in c[u]ria [Iulia e]t in foro Aug. sub quadrig[i]s,
quae mihi ex s. c. pos[it]ae [sunt, censuit. Cum scri]psi haec,
annum agebam septuagensu[mum sextum].

1. Summa pecun[i]ae, quam ded[it vel in aera]rium [vel plebei
Romanae vel di]mis|³⁰sis militibus denarium sexien[s mil-
liens].

2. Opera fecit nova aedem Martis, [Iovis] Ton[antis et Feretri,
Apollinis], divi Iuli, Quirini, Minervae, [Iunonis Reginae,
Iovis Libertatis], Larum, deum Penatium, Iuv[entatis, Matris
Magnae; Lupercal, pulvina]r ad circum, curiam cum Ch[al-
cidico, forum Augustum, basilica]m|³⁵ Iuliam, theatrum
Marcelli, [p]or[ticum Octaviam, nemus trans T]iberim Cae-
sarum.

τῶν ʻΡω[μα]ίων διὰ τῆς |⁵ ἐπιγραφῆς ἀρετὴν καὶ ἐπείκειαν
κα[ὶ δ]ικαιοσύνην καὶ εὐσέβειαν ἐμοὶ μαρτυρεῖ. ᾽Αξιώμ[α]τι
πάντων διήνεγκα, ἐξουσίας δὲ οὐδέν τι πλεῖον ἔσχον τῶν
συναρξάντων μοι.
35 Τρισκαιδεκάτην ὑπατείαν ἄγοντός μου ἥ τε σύν|¹⁰-
κλητος καὶ τὸ ἱππικὸν τάγμα ὅ τε σύνπας δῆμος τῶν
ʻΡωμαίων προσηγόρευσέ με πατέρα πατρίδος καὶ τοῦτο
ἐπὶ τοῦ προπύλου τῆς οἰκίας μου καὶ ἐν τῶι βουλευτηρίωι
καὶ ἐν τῆι ἀγορᾶι τῆι Σεβαστῆι ὑπὸ τῶι ἄρματι, ὅ μοι δόγ-
ματι συνκλήτου ἀνετέθη, ἐπιγραφῆναι ἐψηφίσα|¹⁵ το. ʻΟτε
ἔγραφον ταῦτα, ἦγον ἔτος ἑβδομηκοστὸν ἕκτον.
1 Συνκεφαλαίωσις ἠριθμημένου χρήματος εἰς τὸ αἱράριον ἢ
εἰς τὸν δῆμον τὸν ʻΡω[μαί]ων ἢ εἰς τοὺς ἀπολελυμένους
στρατιώτας ἐξ μυριάδες μυριάδων |²⁰.
2 ῎Εργα καινὰ ἐγένετο ὑπ᾽ αὐτοῦ ναοὶ μὲν ῎Αρεως, Διὸς
Βροντησίου καὶ Τροπαιοφόρου, Πανός, ᾽Απόλλωνος, θεοῦ
᾽Ιουλίου, Κυρείνου, ᾽Α[θη]νᾶς, ῝Ηρας βασιλίδος, Διὸς ᾽Ελευ-
θερίου, ἡρώ[ων], θεῶν π]ατρίων, Νεότητος, Μητρὸς θεῶν,
XIX β[ουλευτήριον] σὺν Χαλκι||δικῶι, ἀγορᾶι Σεβαστῆι, θέα-
τρον Μαρκέλλου, β[α]σιλικὴ ᾽Ιουλία, ἄλσος Καισάρων,
στοαὶ ἐ[ν] Παλατ[ί]ωι, στοὰ ἐν ἱπποδρόμωι Φλαμινίωι.

42

Zeit überragte ich zwar alle an Einfluß und Ansehen, Macht aber besaß ich hinfort nicht mehr als diejenigen, die auch ich als Kollegen im Amt gehabt habe.

Als ich meinen dreizehnten Konsulat bekleidete (2 v. Chr.), nannte mich der Senat, der Ritterstand und das gesamte Römische Volk einhellig »Vater des Vaterlandes«, und man beschloß eine entsprechende Inschrift im Vorraum meines Hauses anzubringen sowie in der Curia Iulia und im Augustusforum unter der Quadriga, die mir dort auf Senatsbeschluß aufgestellt worden war. Da ich dies niederschreibe, befinde ich mich in meinem sechsundsiebzigsten Lebensjahr.

Die Gesamtsumme des Geldes, welches er der Staatskasse, dem römischen Volk beziehungsweise den entlassenen Soldaten zuwendete, betrug sechshundert Millionen Denare.

An neuen Bauten ließ er errichten die Tempel des Mars, des Iuppiter Tonans und Feretrius, für Apollo, den Divus Iulius, Quirinus, Minerva, Iuno Regina, Iuppiter Libertas, für die Laren, die göttlichen Penaten, für Iuventas, die Magna Mater; das Lupercal, das Pulvinar beim Circus, die Curia mit dem Chalcidicum, das Augustusforum, die Basilika Iulia, das Marcellustheater, die Porticus Octavia und den Hain für die Caesares jenseits des Tiber.

3. Refecit Capito[lium sacra]sque aedes [nu]m[ero octoginta] duas, thea[t]rum Pompei, aqu[arum r]iv[os, vi]am Flamin[iam].

4. Impensa p[raestita in spec]tacul[a] sca[enica et munera] gladiatorum at|⁴⁰[que athletas et venationes et] naumachi[am] et donata pe[c]unia [colonis, municipiis, oppidis] terrae motu incendioque consumpt[is] a[ut viritim] a[micis senat]oribusque, quorum census explevit, in[n]umera[bili]s.

3 ’Επεσκευάσθ[η τὸ Κα]πιτώλιον, ναοὶ ὀγδοήκοντα δύο, θέ[ατ]ρον Π[ομ]|⁵πηίου, ὀδὸς Φλαμινία, ἀγωγοὶ ὑδάτων.

4 [Δαπ]άναι δὲ εἰς θέας καὶ μονομάχους καὶ ἀθλητὰς καὶ ναυμαχίαν καὶ θηρομαχίαν δωρεαί [τε] ἀποικίαις πόλεσιν ἐν ’Ιταλίαι, πόλεσιν ἐν ἐπαρχείαις σεισμῶι κα[ὶ] ἐνπυρισμοῖς πεπονηκυίαις ἢ κατ’ ἄνδρα φίλοις καὶ συν|¹⁰κλητικοῖς, ὦν τὰς τειμήσεις προσεξεπλήρωσεν, ἄπειρον πλῆθος.

44

Wiederhergestellt hat er das Kapitol und sakrale Bauwerke, zweiundachtzig an der Zahl, das Theater des Pompeius, Wasserleitungen und die Via Flaminia.

Die Aufwendungen, die er für szenische Aufführungen und Gladiatorenspiele, Athletendarbietungen, Tierhetzen und eine Seeschlacht machte, sowie die Geldbeträge, die er Städten, Gemeinden und Siedlungen gab, welche durch Erdbeben oder Brandkatastrophen vernichtet worden waren, oder die er einzeln an Freunde und Senatoren verteilte, deren Vermögen er damit wiederherstellte, sind nicht zu berechnen.

Als unmittelbar nach der Ermordung Caesars am
15. März 44 v. Chr. sein Testament durch Marcus
Antonius veröffentlicht wurde, war es für diesen und
die gesamte Öffentlichkeit eine nicht geringe Über-
raschung, daß der bis dahin nahezu unbekannte und
politisch in keiner Weise hervorgetretene Großneffe des
Diktators, C. Octavius, zum Haupterben eingesetzt und
in einem Anhang zum eigentlichen Testament von
Caesar sogar adoptiert worden war. Freilich war schon
sein Vater auf Grund der *lex Cassia* durch Caesar unter
die Patrizier aufgenommen worden, und er selbst hatte
einige Jahre vorher das Priesteramt eines *pontifex* erhalten. Aber nichts deutete darauf hin, daß der erst
achtzehnjährige Jüngling – geboren am 23. September
63 v. Chr. – sogleich im Staat eine Rolle spielen, daß
er gar das politische Erbe Caesars anzutreten berufen
sein könnte. Zu vieles schien dem entgegenzustehen.
Da waren zunächst die Verschworenen, die freilich, als
wäre ihnen das Ungeheuerliche ihres Tuns erst zu Be-
wußtsein gekommen, unmittelbar danach in alle Rich-
tungen auseinandergestoben waren, sich später auf dem
Kapitol verschanzt hatten und es so offenkundig werden ließen, daß ihre Tat nicht sorgsam überlegter poli-
tischer Notwendigkeit, sondern persönlicher Mißgunst
und fehlgeleitetem Idealismus entsprungen war. Da
waren aber auch die Kreise der Senatsoligarchie, die
unter der Führung des ehrwürdigen Konsulars Cicero
endlich die Gelegenheit gekommen sahen, die Leitung
des Staates wieder fest in ihre Hände zu nehmen, und

da war vor allem die übermächtige Gestalt des Konsuls Marc Anton, der nicht gewillt war, auch nur einen Zipfel seiner Macht mit irgend jemandem zu teilen. Dem hatte der junge Mann, der sich zum Zeitpunkt der Ermordung Caesars gar nicht in Rom, sondern bei dem für den Partherfeldzug bereitgestellten Heer in Apollonia in Makedonien aufgehalten hatte, neben seinem entschiedenen Wollen nichts entgegenzusetzen als den gesunden Blick für politische Gegebenheiten, der ihn Zeit seines Lebens nicht verlassen hat, eine gewisse jugendliche Skrupellosigkeit als Kennzeichen des echten Realpolitikers, und den Namen C. Iulius Caesar, den er auf Grund der Adoption zu führen berechtigt war. Von nicht geringer Wirkung war gewiß auch das Testament selbst, welches ihn in den Augen des Volkes ohne Zweifel als den von Caesar in Aussicht genommenen Fortführer seines politischen Vermächtnisses auswies – obgleich die Frage, was Caesar hier tatsächlich beabsichtigt hat, bis heute umstritten ist.

In Rom wußte sich der junge Erbe durch kluge Propaganda sehr bald populär zu machen, indem er etwa die von Caesar testamentarisch festgesetzten Geldspenden, deren Auszahlung Antonius verabsäumt hatte, aus eigenen Mitteln dem Volk anweisen ließ. Entsprechend den für uns heute kaum verständlichen politischen Regeln war auch ein Großteil der Klientel des Diktators auf seinen nunmehrigen Adoptivsohn übergegangen, und für die zahlreichen, zum Teil unversorgten Veteranen besaß der Name Caesar noch immer einen gleichsam magischen Klang. Als nun Antonius, dessen anfängliche Übereinkunft mit dem Senat und den Caesarmördern zu unnatürlich war, um von langer Dauer sein zu können, sich gegen den Willen dieser hohen Körperschaft für das folgende Jahr 43 v.Chr. die gallischen Provinzen zuweisen ließ und den bisherigen Statthalter D.Brutus in der festen Stadt Mutina (Modena) belagerte, da wurde auf Betreiben Ciceros neben den beiden Konsuln A.Hirtius und C.Vibius Pansa auch der gerade neunzehnjährige Caesar, der als Privatmann ein Zweilegionenheer auf die Beine gebracht hatte, mit der Reichsexekution gegen ihn betraut. Dabei wurde dem jungen Mann, der noch kein Amt in der strengen Hierarchie des römischen *cursus honorum* bekleidet hatte, die militärische Kommandogewalt im Rang eines Prätors zuerkannt und Sitz und Stimme im Senat verliehen. Von diesem Zeitpunkt an ist er sechsundfünfzig Jahre hindurch, bis zu seinem Tod, immer im Dienst des römischen Staates gestanden, ist er niemals mehr *privatus* gewesen.

Es ist hier nicht der Ort, im einzelnen darzulegen, wie auch diese Verbindung zu einem Senat zerbrechen mußte, der leichtfertig geglaubt hatte, der junge Mann werde ein williges Werkzeug ab- und sich im übrigen mit äußeren Ehren zufriedengeben – nicht der geringste unter den politischen Irrtümern Ciceros; wie das Triumvirat, die Übereinkunft mit Marc Anton und Lepidus zur Aufteilung des Reiches geschlossen wurde und die Verträge mit dem ersteren, die, als Lepidus bereits ausgeschaltet war, die immer breiter werdende Kluft zwischen den Machthabern überbrücken sollten, bis schließlich zum letzten Mal in der hundertjährigen, mit Bürgerblut geschriebenen Geschichte der ausgehenden Republik am 2.September 31 v.Chr. bei Aktium die Waffen die Entscheidung bringen mußten. Es ist der Weg des jungen Octavianus zum Kaiser Augustus, wie ihn die Geschichte kennt, der das, was die

titanenhafte Gestalt eines Caesar mit der Rücksichts-
losigkeit des Genies für seine Person durchsetzen wollte,
ins Realpolitische übersetzt und so seinen Zeitgenossen
erträglich gemacht hat, seinen Zeitgenossen, die, wie es
Tacitus bei einer späteren Gelegenheit einmal ausdrückt,
weder völlige Knechtschaft zu ertragen wußten noch
völlige Freiheit.

Nahezu unvorstellbar mutet die Leistung dieses
Mannes an, wenn man vergleicht, was er vorgefunden
und was er seinen Nachfolgern hinterlassen hat. Von
nur wenigen vertrauten Helfern unterstützt hat er neue
Gebiete dem Imperium Romanum hinzugewonnen
und, nachdem ihm ein dauernder Erfolg im Norden
gegen die Germanen versagt geblieben ist, mit den
Strömen Rhein, Donau und Euphrat die Grenzen des
Reiches auf Jahrhunderte hinaus im wesentlichen fest-
gelegt. Nach den unaufhörlichen Wirren der Bürgerkriege konnte die Sicherheit und Ordnung im Innern
wiederhergestellt werden, ein Erfolg, den im Begriff
der *Pax Augusta,* im »Kaiserfrieden«, die Dichter zu
feiern nicht müde wurden. Die ebenfalls seit mehr als
hundert Jahren anhängige soziale Frage wurde, so gut
es mit den Mitteln der Antike gelingen konnte, gelöst
und das unmittelbar damit zusammenhängende Problem der Veteranenversorgung auf eine neue und
sichere Grundlage gestellt. Bedeutend wirkten sich aber
auch seine mit feinem Fingerspitzengefühl und ohne
auffälligen Bruch mit der Vergangenheit durchgeführten Reformen auf staatsrechtlichem Gebiet aus. Der
Senat wird gleichsam wie von selbst von einer Regie-
rungskörperschaft zum Gremium der Reichsbeamten,
und die Bekleidung von Prätur und Konsulat, mochte
auch vor allem beim letzteren von der alten Machtfülle

bald kaum mehr als der äußere Glanz übriggeblieben sein, wird in der strengen Stufenfolge des *cursus honorum* doch wichtig als Voraussetzung für begehrte Legionskommanden und Statthalterschaften. Die hohen und höchsten Funktionäre des kaiserlichen Verwaltungsdienstes wieder stammen aus dem Ritterstand, dem bis dahin jeder direkte Anteil an den Staatsgeschäften verschlossen geblieben war. Und gerade die alten Ämter der römischen Republik, die durch Kollegialität und zeitliche Beschränkung darauf zugeschnitten waren, die überragende Machtfülle eines einzelnen zu verhindern, gerade sie und nicht etwa eine Ausnahmsgewalt werden zur Plattform für die monarchische Stellung des Kaisers. So gab es auch, von persönlichen Feinden des Augustus abgesehen, nur wenige Männer der alten Senatsaristokratie, die aus innerer Überzeugung der »verlorenen Freiheit« nachtrauerten – in ihrem Gefolge allerdings manche, die es einfach »vornehm« fanden, wie diese dem neuen Regime mit ablehnender Gleichgültigkeit gegenüberzustehen.

Augustus hat aber auch größere Ehrungen empfangen, als sie je einem Menschen zuerkannt worden sind. Er, der sich als erster Sterblicher nach der Konsekration Caesars, als dieser zum *divus Iulius* geworden war, offiziell als Sohn eines Gottes bezeichnen durfte, ist schon zu seinen Lebzeiten wenigstens im Osten des Reiches selbst als Gott verehrt worden; allein der Name »Augustus«, der ihm am 16. Jänner 27 v. Chr. vom Senat verliehen worden war, hebt seinen Träger über den menschlichen Bereich hinaus in die göttliche Sphäre. Auch nach ihm sind niemandem mehr solche Ehrungen zuteil geworden; wenn seine Nachfolger an Titel und Würden den Kaiser Augustus nachzuahmen, ja zu übertreffen suchten, so sind dies zumeist befohlene und damit leere Formen geblieben, die gerade durch ihre zunehmende Übersteigerung mehr und mehr an Inhalt verlieren. Wenn auch vieles von dem, was wir heute unter dem Begriff des Herrschertums zusammenfassen, erst im Lauf der Zeit gebildet worden ist – die Grundlagen dazu hat Augustus seinen Nachfolgern überliefert, zu denen in gewissem Sinn die Kaiser des Heiligen Römischen Reiches ebenso zählen wie Napoleon, die Duodezfürsten des deutschen Rokoko und der Zar aller Reußen.

Augustus starb im sechsundsiebzigsten Lebensjahr am 19. August 14 n. Chr. zu Nola in Campanien. Zuvor soll er noch seine Freunde gefragt haben, ob er denn das Schauspiel seines Lebens ordentlich zu Ende gespielt habe, und entließ sie sodann mit leider nur schlecht überlieferten Worten, wie sie die Schauspieler am Ende der Komödie dem Volk zuzurufen pflegten:

εἰ δέ τι
ἔχοι καλῶς τὸ παίγνιον, κρότον δότε
καὶ πάντες ἡμᾶς μετὰ χαρᾶς προπέμψατε.

Wenn euch also das Spiel gefallen hat, so klatscht und leitet alle uns mit Dank nach Haus.

Am Abend seines so überreichen Lebens hat Augustus die *Res gestae*, den Taten- und Leistungsbericht verfaßt, der nach seinem Willen zusammen mit dem Testament veröffentlicht und an seinem Mausoleum auf dem Marsfeld angebracht werden sollte. Er führt hier seine außenpolitischen, mit friedlichen oder kriegerischen Mitteln erzielten Erfolge an, erwähnt seine Fürsorge für das Volk, wozu für die Römer selbstverständlich auch die Veranstaltung von Spielen gehörte, also

»panem et circenses«, und weist auf seine umfangreiche Bautätigkeit in Rom hin, die ihn zu dem berühmten Ausspruch veranlaßte, er habe die aus Lehmziegeln erbaute Stadt in eine marmorne verwandelt – wie ja überhaupt das Errichten prunkvoller Monumentalbauten bis in die jüngste Vergangenheit zum gerne benützten Aushängeschild für Alleinherrschaften und Diktaturen geworden ist. Besonderen Wert legt der Kaiser aber auf die vielfältigen Ehrungen, die ihm im Lauf seines Lebens zuerkannt worden sind, und er unterläßt es nicht darauf hinzuweisen, wenn eine solche ihm als erstem zuteil wurde. Daneben nehmen die Auseinandersetzungen der Triumviratszeit nur einen verhältnismäßig geringen Raum ein, und vor allem vermeidet es Augustus sorgsam, irgendeinen seiner Gegner aus den Bürgerkriegswirren, die er mit dem Schwert in der Hand zu bekämpfen gezwungen war, mit Namen zu nennen.

Damit ist dieses in knappen Worten gehaltene Dokument, das unter Verzicht auf jede rhetorische Ausschmückung und jedes Pathos nur die Tatsachen an sich sprechen läßt und gerade dadurch bis heute seine Wirkung nicht verloren hat, nicht ein Rechenschaftsbericht im eigentlichen Sinn, sondern der Nachweis von der zwingenden, durch das Schicksal selbst festgelegten Notwendigkeit seines Handelns, das seine Rechtfertigung aus sich selbst gewinnt. Und es ist zugleich ein Produkt jenes typisch römischen Strebens nach *gloria,* nach einem den eigenen Tod weit überdauernden Nachruhm, der das höchste Ziel jedes im öffentlichen Leben stehenden Mannes sein muß. Aus diesem Grund hatten Heerführer in ihren Stäben Dichter und Historiographen mit sich geführt, die ihre

Taten als unmittelbare Augenzeugen der Nachwelt überliefern sollten, und ein Mann wie Cicero sah sich bemüßigt, selbst ein Epos über seinen Konsulat zu verfassen, nachdem die Versuche, einen Dichter für diese Aufgabe zu gewinnen, fehlgeschlagen waren. Augustus mangelte es nun freilich nicht an begeisterten Poeten, die sich allerdings trotz mehr oder minder deutlicher Mahnungen zu einer großangelegten dichterischen Behandlung der augusteischen Zeit nicht recht entschließen konnten. Unabhängig aber davon mochte für Augustus auch der Gedanke mit bestimmend gewesen sein, daß für eine Darstellung seiner gewaltigen Leistungen zunächst und vor allem doch er selbst berufen wäre; es ist dies schöne antike Tradition und zugleich mit ein Beitrag zu seiner *gloria*, zumal bei einem Volk, das rhetorische oder literarische Leistungen niemals geringgeschätzt hat. Und durch die Aufstellung bei seinem Mausoleum sind die *Res gestae divi Augusti* zugleich zu seiner Grabinschrift geworden, ein Elogium, wie es beredter und wirkungsvoller nicht gefunden werden könnte.

Die Zahlen in Klammer beziehen sich auf die Seite 96ff. angeführten Belegstellen.

Die Überschrift erstreckt sich beim Monumentum Ancyranum über die Kolumnen I bis III, beim Antiochenum, wo der Text an zwei Stellen geringfügig davon abweicht, über I und II. Die Überschrift des griechischen Textes läuft in einer Zeile von Kolumne I bis XVII. Sueton bezeichnet das Werk als *index rerum gestarum* (1), was möglicherweise dem von Augustus selbst gewählten Titel entspricht. Die Originalabschrift vor dem Mausoleum in Rom trug wohl keine Überschrift. Zum Mausoleum des Augustus und dem zusammen mit seinem Testament veröffentlichten schriftlichen Nachlaß vgl. (2–4).

Die eigentlichen *res gestae,* die Taten, finden sich in den Kapiteln 25 bis 35, die *impensae,* seine finanziellen Aufwendungen, in den Kapiteln 15 bis 24. Seine vielfältigen, in den Kapiteln 1 bis 14 behandelten Ehrungen werden in der Überschrift nicht erwähnt.

in duabus aheneis pilis. Es handelt sich natürlich um Marmorpfeiler, auf denen Bronzetafeln mit dem Text befestigt waren; vgl. (1).

Zu der interessanten Feststellung, daß der Beginn der Überschrift Verscharakter hat, vgl. S. Koster, Historia 27, 1978, 241 ff.

1. *exercitum ... comparavi.* Am Anfang und Ende der Res gestae steht eine Altersangabe des Augustus, die zusammen gleichsam den Rahmen für seine politische Tätigkeit bilden. Er ist geboren am 23. September 63 v. Chr., war also 44 v. Chr. neunzehn Jahre alt. Die Aufstellung eines Heeres als Privatmann ist an sich ein ge-

setzwidriger, revolutionärer Akt. Er wurde jedoch in diesem Fall auf Betreiben Ciceros durch die Verleihung des *imperium* legalisiert, da der junge Mann mit seiner Armee ein nützliches Werkzeug bei der Bekämpfung des Antonius schien (5). Mit *dominatio factionis* wird die Willkürherrschaft der Anhänger Marc Antons in bewußten Gegensatz zu dem auf Grund von Gesetzen und einhelliger Übereinstimmung (vgl. Kap. 34) geformten Prinzipat des Augustus gestellt.

locus sententiae dicendae. Die Abstimmungen im Senat erfolgten nach einer genau festgelegten Rangordnung, wobei zunächst die gewesenen Konsuln befragt wurden. Die Aufnahme des jungen Octavian in den Senat mußte an sich unter Verzicht auf alle Vorbedingungen, wie Mindestalter und Bekleidung von Ämtern, erfolgen; seine zudem erfolgte Einreihung unter diese alten und im Staatsdienst erfahrenen Männer ist eine hohe Ehrung.

res publica ne quid detrimenti caperet. Mit dieser Formel, dem sogenannten *senatus consultum ultimum,* wird bestimmten Beamten, vor allem den Konsuln, außerordentliche Vollmacht angesichts einer besonderen Gefährdung des Staates übertragen; es ist die Verhängung des Ausnahmezustandes.

me pro praetore. Nach Ablauf des eigentlichen Amtsjahres konnte den Prätoren und Konsuln vor allem für ihre Tätigkeit als Provinzstatthalter ihre Amtsgewalt verlängert, prorogiert werden; sie handeln dann mit der Vollmacht eines tatsächlichen Prätors oder Konsuls *pro praetore* bzw. *pro consule.* Da Octavian zur Bekämpfung des Mutina belagernden Antonius den beiden Konsuln beigeordnet war, konnte ihm nur die rangniedrigere proprätorische Kommandogewalt zuerkannt werden.

populus … creavit. Die beiden Konsuln waren während der Kämpfe um Mutina 43 v. Chr. gefallen, und zwar A. Hirtius in der Schlacht selbst. Als zwei Tage danach auch C. Pansa seinen Verletzungen erlag, entstand das wohl unzutreffende Gerücht, daß Octavian dabei seine Hand im Spiel gehabt habe (6). Der Senat suchte nun im Gegensatz zu seinen früheren Zusagen die Wahl Octavians zum Konsul zu hintertreiben, der ja dafür wieder Dispens etwa von den Bestimmungen über das Mindestalter benötigte. So rückte er mit seinem nun durch die Truppen der beiden Konsuln verstärkten Heer vor Rom und erzwang für sich die Wahl (7). Im November 43 v. Chr. kam es dann zu einer Zusammenkunft zwischen Octavian, Antonius und dem ehemaligen *magister equitum* Caesars, Lepidus, bei der Vereinbarungen über die Führung des Staates, die zu lösenden Aufgaben und die einzelnen Einflußgebiete getroffen wurden. Zum Unterschied vom ersten, das eine private Übereinkunft zwischen Caesar, Pompeius und Crassus gewesen war, ist dieses zweite Triumvirat über Antrag eines Volkstribunen als *lex Titia* in der Volksversammlung sanktioniert und zunächst auf fünf Jahre befristet worden. Später wurde es um weitere fünf Jahre verlängert; vgl. Kap. 7 und 34, dazu (8, 9).

2. *iudiciis legitimis.* Die zunächst erfolgte Amnestie der Caesarmörder wurde durch ein Gesetz des Mitkonsuls Octavians, Q. Pedius, aufgehoben und ein Sondergerichtshof mit der Strafverfolgung gegen sie betraut. Die Urteile gegen sie sind damit gesetzlich gedeckt (10); allerdings war die *lex Pedia*, da sie sich nur gegen einen bestimmten Personenkreis richtete, als *privilegium* an sich verfassungswidrig.

vici bis acie. Gemeint ist die Doppelschlacht bei Philippi in Makedonien 42 v. Chr., wo Cassius dem Antonius unterlag, und Brutus, der über Octavian zunächst die Oberhand behalten hatte, schließlich ebenfalls von Antonius besiegt wurde. Da Brutus und Cassius gegen die Triumvirn als die gesetzmäßigen Vertreter des Staates die Waffen ergriffen hatten, war ihr Vorgehen ein Kampf gegen den Staat selbst und damit Hochverrat.

3. *bella ... civilia.* Augustus spielt hier nur allgemein auf seine militärische Tätigkeit an; die Kämpfe gegen auswärtige Völker, die seinen Ruhm vermehren, werden Kap. 26 ff. einzeln angeführt. Zu Bürgerkriegen kam es, selbstverständlich nur am Anfang seiner Laufbahn, insgesamt fünfmal: vor Mutina (Modena) gegen Antonius 43 v. Chr., bei Philippi 42 v. Chr. gegen die Caesarmörder Brutus und Cassius, bei der Belagerung von Perusia (Perugia) 41/40 v. Chr., wo sich L. Antonius, der Bruder des Triumvirn, gegen ihn verschanzt hatte, gegen Sex. Pompeius in den Gewässern um Sizilien während des *bellum Siculum* 36 v. Chr., und schließlich bei Actium 31 v. Chr. gegen Antonius und Kleopatra (11). Dieser letztere Krieg, da gegen die ägyptische Königin und damit einen auswärtigen Feind gerichtet, galt offiziell nicht als Bürgerkrieg.

civibus peperci. Wohl in bewußter Anlehnung an die berühmte *clementia* Caesars weist Augustus auf seine eigene Milde gegenüber Bürgern hin. So war ihm auch 27 v. Chr. ein Eichenkranz *ob cives servatos* und ein Ehrenschild mit entsprechender Inschrift verliehen worden, vgl. Kap. 34. Freilich konnte auch er sich nicht völlig der Grausamkeiten eines Bürgerkrieges enthalten; nach dem Fall von Perusia hatte Octavian ein furchtbares Strafgericht über die Stadt verhängt und angeblich dreihundert Senatoren und Ritter am 15. März, dem Todestag Caesars, gleichsam als Schlachtopfer hinmorden lassen (12).

sub sacramento meo. Von den etwa fünfhunderttausend Mann, die unter Augustus gedient hatten, standen bei seinem Tod vielleicht noch hundertzwanzig- bis hundertfünfzigtausend unter Waffen, zum Großteil in den fünfundzwanzig damals bestehenden Legionen. Zur Entlassung der mehr als dreihunderttausend Soldaten nach Beendigung ihrer Dienstzeit und der dabei erfolgten Zuweisung von Geld oder Grundbesitz vgl. Kap. 16 und 17.

naves cepi sescentas. Die erbeuteten Trieren stammen aus den Seeschlachten bei Mylae und Naulochos des *bellum Siculum* sowie von Actium, wo Antonius allein dreihundert Schiffe verlor.

4. *bis ovans triumphavi.* Der »kleine Triumph« wurde um 200 v. Chr. für solche Fälle geschaffen, in denen eine Zuerkennung des großen Triumphes aus bestimmten Gründen nicht möglich war. Der siegreiche Feldherr hielt dabei zu Pferd oder zu Fuß, mit dem Myrtenkranz auf dem Haupt, seinen Einzug in die Stadt. Augustus hielt die *ovatio* im November 40 v. Chr., als durch den Vertrag von Brundisium die bereits deutliche Kluft zwischen den beiden Machthabern Octavian und Antonius notdürftig wieder geschlossen werden konnte; das zweite Mal 36 v. Chr. nach seinem Erfolg über Sex. Pompeius im *bellum Siculum* (13, 14).

tris egi curulis triumphos. Im »kurulischen« Triumph wird der Feldherr von den Senatoren eingeholt und an der Spitze seiner Truppen zum feierlichen Sühn- und Dankopfer auf das Kapitol geleitet. Er steht dabei in einem von vier weißen Pferden gezogenen Wagen, angetan mit einem goldgestickten Purpurgewand und purpurnen Schuhen; er trägt einen Lorbeerkranz auf dem Haupt und in der Hand das elfenbeinerne Adlerszepter Iuppiters, den er in diesem Augenblick verkörpert. Gesicht und Hände sind rot gefärbt, damit er auch darin der aus Ton gebrannten Iuppiterstatue im kapitolinischen Tempel möglichst ähnlich wird. Der Brauch erforderte es, daß die im Zug mitmarschierenden Soldaten Spottverse auf den Feldherrn sangen, um ihn in diesen höchsten Augenblicken an den Neid der Götter zu gemahnen. Augustus feierte seine Triumphe an drei aufeinanderfolgenden Tagen vom 13. bis zum 15. August 29 v. Chr. wegen seiner Erfolge in Dalmatien während der Kämpfe 35 v. Chr., wegen des Sieges bei Actium 31 v. Chr. und der Eroberung von Alexandria 30 v. Chr. (15). Alle weiteren ihm angetragenen Triumphe lehnte Augustus ab, um sich wohl nach dem legendären Vorbild des Romulus mit einem *triplex triumphus* zu begnügen (16).

appellatus sum ... imperator. Nach einem alten Brauch, dessen Ursprünge leider im Dunkeln liegen, rief das Heer nach errungenem Sieg seinen Oberkommandierenden noch auf der Walstatt zum *imperator* aus; der Senat pflegte dies zu bestätigen oder den Titel auch aus eigenem zuzuerkennen. Das Wort bezeichnet an sich sonst nur den Träger eines *imperium*, eines unabhängigen militärischen Oberbefehls. Das erste Mal wurde Augustus dieser Titel schon vor Mutina zugesprochen; später nahm er dies zum Anlaß, die Namen Gaius Iulius abzulegen und statt dessen das *praenomen imperatoris* zu führen, zumal auch schon Caesar den Imperatortitel auf Lebenszeit zu tragen berechtigt war. In der Folge-

zeit wurde Augustus und seinen Nachfolgern die impe-
ratorische Akklamation auch dann zuteil, wenn einer
der Unterfeldherrn den Sieg errungen hatte, da den
nominellen Oberbefehl in jedem Fall der Kaiser selbst
innehatte.

laurum … deposui. Die *fasces*, Rutenbündel als Zeichen
ihres Rechtes zur Züchtigung, zu denen im Feld noch
Beile wegen der nun uneingeschränkten Macht über
Leben und Tod der Bürger hinzutraten, standen den
Beamten in einer bestimmten, ihrem Rang entsprechenden Anzahl zu und wurden ihnen von einer eben-
solchen Zahl von Liktoren vorangetragen. Wurde der
Betreffende nach einem Sieg zum *imperator* ausgerufen,
so umwand man die *fasces* mit Lorbeerzweigen, und
diese wieder pflegte der Feldherr beim feierlichen Dankopfer auf dem Kapitol in den Schoß der Iuppiterstatue
niederzulegen.

auspiciis meis. Das Anstellen der Auspizien, d. h. das
notwendige Einholen des Götterwillens vor einem
Kriegszug oder einer Schlacht, kann aus sakralrecht-
lichen Gründen nur durch den Höchstkommandieren-
den als den Träger eines unabhängigen Imperiums erfolgen, der Betreffende muß Göttern und Menschen
gegenüber voll handlungsfähig sein. Selbst wenn daher
eine kriegerische Aktion, wie in der Kaiserzeit zumeist,
per legatos erfolgte, lag mit dem Oberbefehl auch das
ius auspicandi ausschließlich beim Kaiser selbst.

reges aut regum liberi. Von den bei den Triumphen des
Augustus als besondere Schaustücke mitgeführten
Königen kennen wir Alexander Helios und Kleopatra
Selene, die Kinder der Kleopatra, die sich selbst durch
ihren aufsehenerregenden Selbstmord einer solchen
Schande entzogen hatte (15), ferner Alexander, den

Bruder des Königs von Emesa und den Galaterfürst Adiatorix mit Frau und Kindern.

consul fueram terdecies. Nicht als Zeitangabe, sondern als Ämter im Rahmen der ihm zuteil gewordenen Ehrungen erwähnt Augustus hier seine Konsulate und die *tribunicia potestas* (17). Seinen ersten Konsulat bekleidete Augustus, wie schon erwähnt, nach dem Tod von A. Hirtius und C. Pansa im Jahr 43 v. Chr., zehn Jahre später seinen zweiten, und von 31 bis 23 v. Chr. trat Augustus alljährlich am ersten Jänner dieses Amt an, wenn er es auch, sehr zum Unterschied zu den republikanischen Gepflogenheiten, bisweilen vorzeitig wieder ablegte. Es schien damals, als betrachte er dieses höchste republikanische Jahresamt als einen konstitutiven Faktor seiner Machtstellung. Als ihm aber in diesem Jahr die *tribunicia potestas* auf Lebenszeit übertragen wurde, verzichtete er auf den Konsulat hinfort und bekleidete ihn nur mehr zweimal, jeweils aus einem ganz bestimmten Anlaß; vgl. Kap. 14. – Die *tribunicia potestas* umfaßt die gesamten Machtbefugnisse der Volkstribunen und sichert ihrem Inhaber, ohne daß dieser nun etwa selbst Volkstribun wäre, eine Reihe äußerst wichtiger Vorrechte. Sie bildet zusammen mit dem *imperium maius,* der jedem anderen Imperiumsträger übergeordneten militärischen Befehlsgewalt, die rechtliche Grundlage für den Prinzipat des Augustus und seiner Nachfolger. Kraft seiner *tribunicia potestas* kann der Kaiser Gesetzesanträge stellen und die Volksversammlung einberufen, gegen Maßnahmen aller anderen Beamten ein Veto einlegen, und schließlich wird damit auch der uralte Schutzauftrag der *plebs* auf seine Person übertragen, was Augustus gegenüber der latenten Opposition in den Kreisen der Senatsaristo-

kratie einen gefühlsmäßigen Rückhalt unter den ein-
facheren Leuten verschaffte. Die *tribunicia potestas* erneuert sich alljährlich und wird Jahr um Jahr fortlau-
fend gezählt, ein schon erprobter staatsrechtlicher
Kunstgriff, der die Verbindung des Prinzips der Ein-
jährigkeit mit der erforderlichen längeren Dauer einer
bestimmten Stellung ermöglichte. Seine siebenund-
dreißigste *tribunicia potestas* zählte Augustus ab dem
1.Juli 14 n.Chr.; dieser Satz ist also ganz kurz vor seinem Tod geschrieben oder wenigstens auf den letzten
Stand gebracht worden.

   5. *dictaturam ... non recepi.* Die Diktatur, ursprünglich
nur auf sechs Monate befristet und für solche Fälle gedacht, wenn eine besondere Notlage des Staates die
Übertragung unumschränkter Gewalt an einen einzi-
gen Mann für notwendig erscheinen ließ, war von
Sulla und Caesar als Basis für ihre Alleinherrschaft verwendet worden. Um einer Wiederholung vorzubeugen
war sie nach dem Tod des letzteren durch ein Gesetz
für immer verboten und verfemt worden. Als nun
22 v.Chr. eine Hungersnot in Rom auszubrechen
drohte, lehnte Augustus dieses Amt mit allem Nach-
druck ab (18), obwohl es ihm zweimal, zunächst in seiner Abwesenheit und sodann persönlich, angetragen
worden war. Die Formulierung *et a populo et a senatu*
zeigt deutlich, daß dieses Verlangen vor allem vom
Volk ausging, welches den Umstand, daß Augustus
nach so langer Zeit erstmalig nicht den Konsulat bekleidete, als Ursache für diese Hungersnot ansah.

   non sum deprecatus ... curationem annonae. Die Nahrungsmittelversorgung der Stadt Rom fiel ansonsten
in die Kompetenz der Ädilen. Nachdem Augustus in
diesem akuten Notfall, unterstützt von Tiberius als

Quästor, vor allem dadurch Abhilfe geschaffen hatte, daß er auf eigene Kosten Brotgetreide aufkaufen und stark verbilligt wieder abgeben ließ, bestellte er zunächst dafür zwei senatorische *curatores*, die gegen Ende seiner Regierungszeit durch einen aus dem Ritterstand stammenden *praefectus annonae* ersetzt wurden. *Annona* bedeutet zunächst den Jahresertrag an Getreide und den damit zusammenhängenden Preis, prägnant auch den hohen Getreidepreis, Teuerung und Hungersnot.

consulatum annuum et perpetuum. Im Jahr 23 v. Chr. war Augustus der jährlich sich erneuernde Konsulat auf Lebenszeit angeboten worden, den er aber ablehnte; vgl. die Erläuterungen zu Kap. 4.

6. *curator legum et morum.* Gestützt auf seine *tribunicia potestas* und seine *auctoritas* – zu dieser vgl. Kap. 34 – konnte Augustus unbedenklich neuartige Ämter mit gesteigerten Machtbefugnissen ablehnen, zumal wenigstens nach außen hin die Übereinstimmung mit den alten republikanischen Einrichtungen gewahrt bleiben und jede offizielle Festlegung einer absoluten monarchischen Stellung, wie sie das angeführte Amt gebracht hätte, peinlich vermieden werden sollte. Auch Caesar war *curator morum* gewesen und hatte das Recht besessen, Gesetze zu erlassen – eine Erinnerung daran wollte Augustus gewiß nicht gerne hervorrufen.

potestatis conlegam. Teilhaber des Augustus in der *tribunicia potestas* und damit gleichsam Mitregenten waren sein treuer Waffengefährte aus der Triumviratszeit M. Vipsanius Agrippa, der sie 18 und 13 v. Chr. auf jeweils fünf Jahre erhielt; nach dessen Tod wurde sie dreimal auf fünf bzw. zehn Jahre Tiberius übertragen, zuletzt im Jahr 13 n. Chr.

7. *per continuos annos decem.* Das zweite Triumvirat

war zunächst auf fünf Jahre abgeschlossen worden und dauerte vom 27. November 43 bis 31. Dezember 38 v. Chr.; vgl. die Erl. zu Kap. 1 und (9). Erst nach dem Vertrag von Tarent im Herbst 37 wurde es durch Volksbeschluß um weitere fünf Jahre bis zum 31. Dezember 32 v. Chr. verlängert. Augustus zählt hier nur die vollen Jahre.

princeps senatus. Allgemein der ranghöchste Senator, dem neben diesem ehrenvollen Titel vor allem das wichtige Recht zukam, als erster um seine Meinung gefragt zu werden bzw. seine Stimme abzugeben. Augustus war *princeps senatus* von 28. v. Chr. bis zu seinem Tod; hier sind wieder, ohne das erste und das letzte, nur die vollen Jahre gezählt.

pontifex maximus, augur, XV virum sacris faciundis, VII virum epulonum. Zu den Agenden der *pontifices*, die das wichtigste römische Priesterkollegium waren, gehörte die Durchführung und Beaufsichtigung der staatlichen Kulte, Feststellung der Riten und die Verantwortung für die Einhaltung des *ius divinum* durch Volk und Magistrate. In ältester Zeit hatten sie die Grundlagen des römischen Rechtes mit seinem charakteristischen Formenschatz entwickelt und gehütet. Ihr Name, dessen Herkunft nicht völlig zu klären ist, bedeutet etwa »Brückenbauer«. *Pontifex* selbst war Augustus noch unter Caesar 48 v. Chr. geworden; zu seiner Wahl zum *pontifex maximus* vgl. Kap. 10. Den *pontifices* an Bedeutung zunächst standen die Auguren, denen bei öffentlichen Unternehmungen die Einholung und Beobachtung des Götterwillens vor allem durch die Vogelschau oblag. Die *quindecemviri sacris faciundis*, eigentlich Priester des Apollo, hüteten die Sibyllinischen Bücher und nahmen darin bei Vorliegen eines entsprechenden Senatsbeschlusses Einsicht; ebenso waren sie für die auswärtigen, vor allem orientalischen Kulte in Rom verantwortlich. Die *septemviri epulonum* schließlich hatten während bestimmter Feste die rituellen Göttermahlzeiten auszurichten. Diese vier Priesterkollegien waren ausschließlich Angehörigen des Senatorenstandes vorbehalten, es sind die *quattuor amplissima collegia.*

frater Arvalis, sodalis Titius, fetialis. Die Arvalbrüder, von *arva* = Saatland, feierten ihren Kult durch Flurumgänge in einem heiligen Hain außerhalb Roms. Das dabei nach einem uralten Ritual gesungene Lied ist uns zusammen mit großen Bruchstücken ihrer Feierprotokolle erhalten geblieben; sein archaisches Latein war wohl schon zur Zeit des Augustus nicht einmal mehr den Priestern verständlich. In späterer Zeit spielte dieses Kollegium im Kaiserkult durch regelmäßige und außerordentliche Gelübde für den Herrscher und seine Familie eine gewisse Rolle. Wie diese waren auch die *sodales Titii,* deren Einrichtung auf den sagenhaften König Titus Tatius zurückgehen soll, nach langer Vergessenheit von Augustus wieder neu ins Leben gerufen worden. Ähnliches gilt für die *fetiales;* sie hatten gewisse Riten bei Kriegsbeginn und Friedensschlüssen zu erfüllen, und als Fetiale erklärte Augustus 32 v. Chr. den Krieg an Kleopatra.

8. *patriciorum numerum auxi.* Im Jahr 29 v. Chr. schuf Augustus auf Grund der *lex Saenia* aus einigen der angesehensten plebeischen Familien neue Patrizier, nachdem die Zahl dieser alten und vornehmen Geschlechter im Lauf des 1. Jh. v. Chr. und vor allem während der Bürgerkriege arg zusammengeschmolzen war. Dieses Recht hatte schon Caesar besessen; wie schon erwähnt

war C. Octavius, der Vater des Augustus, durch ihn in den Patriziat erhoben worden (19).

senatum ter legi. Der Senat war im Laufe der Bürgerkriegswirren auf über tausend Mitglieder angewachsen. So wurden 29 v. Chr. zunächst sechzig Senatoren veranlaßt, freiwillig zurückzutreten, weitere hundertvierzig dazu gezwungen. Im Jahr 18 v. Chr. wurde eine völlige Neukonstituierung durchgeführt, indem nach einem komplizierten Verfahren dreißig ausgewählte Senatoren jeweils fünf weitere namhaft machen sollten; dies wurde so lange wiederholt, bis die frühere Höchstzahl von sechshundert erreicht war. Neben einer dritten *lectio senatus* durch Augustus selbst und Agrippa im Jahr 11 v. Chr., bei der unwürdige oder mißliebig gewordene ausgestoßen, andere dafür aufgenommen wurden, fanden Kontrollen des für die Senatoren vorgeschriebenen Mindestvermögens von einer Million Sesterzen statt sowie eine weitere Überprüfung durch drei eigens dafür bestimmte Männer. Alle diese Maßnahmen brachten Augustus viel Feindschaft ein, so daß er sich einige Zeit nur mit einem unter dem Gewand getragenen Panzer und bewaffnet in den Senat wagte (20).

censum populi egi. Wie die Konstituierung des Senats, so gehörte auch die Zählung des Volkes und seine Einteilung nach Steuergruppen zu den Aufgaben der sonst alle fünf Jahre amtierenden Zensoren, die jedoch seit geraumer Zeit nicht mehr gewählt worden waren. Ohne dieses Amt selbst zu bekleiden, führt Augustus dies kraft seiner konsularischen Befehlsgewalt *censoria potestate* durch; 28 v. Chr. gemeinsam mit Agrippa (21), 8 v. Chr. allein und 14 n. Chr. mit Tiberius. Der dabei feststellbare Zuwachs läßt sich auf die Ehegesetze des

Augustus und neue Bürgerrechtsverleihungen zurück-
führen. Die in verschiedenen Provinzen durchgeführten Zählungen der Nichtbürger, von welchen wir
etwa durch Lukas 2,1 Nachricht haben, werden von
Augustus nicht erwähnt. *Lustrum* ist das feierliche Sühn-
opfer der Zensoren am Ende ihrer Amtszeit, womit
die von ihnen getroffenen Maßnahmen erst rechtskräf-
tig werden; da es normalerweise alle fünf Jahre statt-
finden sollte, bezeichnet man übertragen damit auch
einen Zeitraum von fünf Jahren. – Zum letzten Mal
war ein solches *lustrum* durch die Zensoren des Jahres
70 v. Chr. veranstaltet worden; 65 v. Chr. traten die
betreffenden Beamten vorzeitig zurück, und während
der Bürgerkriege in der Folgezeit hatten keine Zensoren mehr ordnungsgemäß ihr Amt ausüben können.

legibus novis. Durch eine Reihe von Maßnahmen,
vor allem seine Ehegesetzgebung, versuchte Augustus
dem zunehmenden moralischen Verfall seiner Zeit Ein-
halt zu gebieten. So wurden etwa auch den höheren
Ständen bei Kinderlosigkeit rechtliche Nachteile ange-
droht (22). Die *exempla imitanda*, die er seiner Zeit und
der Nachwelt vor Augen führt, sind nicht so sehr sein
eigenes Leben – hier mißversteht die griechische Übersetzung offenbar den lateinischen Text –, sondern das
beispielhafte Verhalten der Vorfahren, auf welches er in
Dichtung, Geschichtsschreibung und durch das Aufstellen von Standbildern großer Männer der römischen
Vergangenheit mit erklärenden Beischriften auf seinem
Forum (46) immer wieder hinweisen ließ.

9. *vota pro valetudine mea.* Augustus war zu allen Zeiten seines Lebens kränklich und hatte stets eine starke
Furcht vor Erkältungen, so daß Gelübde für sein Wohlergehen keine bloße Formsache waren. Offizielle, vom

Senat angeordnete *vota* gab es zunächst nur für die Gemeinde selbst; dies wurde jedoch in der Prinzipatszeit wie auch vereinzelt schon früher auf eben jene Person übertragen, von deren Heil das Glück der Gesamtheit abhängt. Augustus erwähnt aber neben diesen sicherlich ehrenvollen Maßnahmen auch die zahllosen und unablässigen Gebete, die ohne behördliche Anordnung allenthalben für ihn dargebracht wurden. Daß Spiele für ihn schon zu seinen Lebzeiten abgehalten wurden, unterstreicht der Kaiser als besondere, nahezu sakrale Ehrung. *Pulvinaria* sind an sich die Prunkbetten, auf welche die Götterstatuen bei den kultischen Mahlzeiten niedergelegt wurden; sie bezeichnen aber auch die Tempel als Orte ihrer Aufstellung.

10. *Saliare carmen*. Das ebenfalls von Augustus wieder neu ins Leben gerufene Kollegium der Salier pflegte einen archaischen Kult des Kriegsgottes Mars Quirinus durch Waffentänze und Hymnen. In ihr uraltes Kultlied wurden später auch die Namen von weiteren Angehörigen des Kaiserhauses aufgenommen, allerdings erst nach deren Tod.

sacrosanctus in perpetuum. Die Unverletzlichkeit, *sacrosanctitas*, ist ein Begriff des bei den Römern eng mit dem Staatsrecht verknüpften Sakralrechtes. Die Gemeinde verpflichtet sich durch feierlichen Eid, daß jeder, der diese oder ihren Träger verletzt, den Göttern verfallen, *sacer* sein soll, damit vogelfrei wird und getötet werden muß. Sie kam vor allem den Volkstribunen zu, um dieses während der Ständekämpfe im 5. Jh. v. Chr. besonders gefährdete Amt zu schützen. Zur *tribunicia potestas* des Augustus vgl. die Erl. zu Kap. 4.

pontifex maximus ne fierem. In den Wirren nach dem Tod Caesars, der dieses einflußreichste römische Prie-

steramt seit 63 v.Chr. besessen und mit seiner Hilfe
etwa die Kalenderreform durchgeführt hatte, war auf
eine nicht ganz dem Gesetz entsprechende Weise Lepidus *pontifex maximus* geworden. Nach dessen Tod 12
v.Chr. fiel die Wahl unter überwältigender Beteiligung
aus allen Teilen Italiens auf Augustus. Seit diesem Zeitpunkt ist der Oberpontifikat immer mit der Person des
Kaisers verbunden gewesen, bis ihn im Jahr 375 n.Chr.
Kaiser Gratian als unvereinbar mit dem Christentum
niederlegte.

11. *aram Fortunae Reducis.* Augustus war 21 bis 19
v.Chr. im Osten, vor allem in Syrien und Griechen-
land gewesen; zu seiner Begleitung hatte auch Vergil
gezählt, der dann bei der Landung in Brundisium gestorben war. Der Altar der »zurückführenden« Glücks-
göttin wurde am 12.Oktober, dem Tag der Rückkehr
des Kaisers nach Rom, gestiftet und am 15.Dezember
eingeweiht (23 bis 25). Seine Lage bei der Porta Capena,
durch welche die Via Appia führte, läßt sich nicht mehr
genau bestimmen, da auch die Heiligtümer der »Ehre«
und der »Mannestugend« nicht sicher lokalisierbar
sind. Diese letztere Ortsangabe ist, da nur für Kenner
der stadtrömischen Topographie von Interesse, in der
griechischen Übersetzung weggelassen. *Honos* und
Virtus sind als Gottheiten typische Vertreter der Perso-
nifikationen abstrakter Begriffe im römischen Kultus.

12. *obviam mihi missa est.* Augustus hatte während
seines Aufenthaltes im Osten zum Teil spektakuläre
Erfolge erzielt; so konnte er etwa die Rückgabe der in
parthische Hände gefallenen Feldzeichen erreichen, vgl.
Kap. 29. Aus diesem Grund sollte er auf Senatsbeschluß
durch eine offizielle Gesandtschaft unter der Führung
eines Teiles der Prätoren und Volkstribunen eingeholt

werden, der sich, ein ebenso unerhörtes Ereignis, der amtierende Konsul mit den Häuptern des Senats selbst anschloß. Dies hatte zugleich einen recht realen Hintergrund, denn während der Abwesenheit des Augustus war es zu Unruhen und einer Verschwörung gegen ihn gekommen, und die führenden Männer mochten es für geraten ansehen, ihn möglichst rasch persönlich von ihrem Wohlverhalten zu überzeugen.

aram Pacis Augustae. Als Augustus am 4. Juli 13 v. Chr. aus Spanien und Gallien, wo die Vorbereitungen für die große Germanenoffensive stattgefunden hatten, sehnsüchtig erwartet nach Rom zurückkehrte – vgl. Horaz carm. IV 5 –, beschloß der Senat die Errichtung eines Altars des »Kaiserfriedens«; weiteren Ehrungen hatte sich Augustus entzogen, indem er unauffällig des Nachts in Rom einzog. Der Altar wurde erst am 30. Jänner 9 v. Chr. eingeweiht (26, 27). Die Reliefplatten der äußeren Umrahmung, die zum Großteil erhalten sind, zeigen den Kaiser mit seinen Angehörigen, Priester und Senatoren beim feierlichen Opfer sowie Allegorien und Darstellungen aus der römischen Sage. Sie sind das bedeutendste Beispiel der augusteischen Reliefplastik. – Der mit Tiberius gemeinsam genannte Konsul des Jahres 13 v. Chr. ist P. Quinctilius Varus, der später Statthalter in Germanien war und in der Schlacht vom Teutoburger Wald seinen Tod gefunden hat.

13. *Ianum Quirinum ... claudendum esse censuit.* Ianus ist der altitalische Gott der Türen, des Ein- und Ausganges und übertragen auch des Anfangs und Endes, der in dieser zweifachen Funktion meist doppelköpfig dargestellt wird, mit zwei Gesichtern nach vorne und hinten blickend. Sein Tempel, dessen doppelte, gegen

Osten und Westen gerichtete Pforten in Kriegszeiten offenstanden, befand sich auf dem Forum Romanum. Obwohl er noch im 6.Jh. in seiner ursprünglichen Form zu sehen war (28), hat sich von seinen Resten nichts erhalten. Unter Augustus wurde der Tempel 29 v.Chr. nach Actium und dem Fall von Alexandria geschlossen und nach Beendigung der Kriege in Spanien 25 v.Chr. Die dritte Schließung ist ungewiß; ein entsprechender Senatsbeschluß 11/10 v. Chr. kam wegen eines Dakereinfalles nicht zur Durchführung, vgl. Kap. 30. Vor Augustus soll zuerst der sagenhafte König Numa den Tempel geschlossen haben; eine weitere Schließung wird für das Jahr 235 v.Chr. nach der Beendigung des ersten Krieges gegen Karthago überliefert (29). – Daß Augustus hier *censere* nicht mit bloßem Gerundiv, sondern mit Gerundiv + *esse* verbindet, mag zwar dem strengen Gebrauch der Grammatik nicht entsprechen, muß aber wegen der eindeutigen Aussage des Steins gehalten werden.

me principe. Das von Augustus immer ohne jede Beifügung verwendete *princeps*, erster der Bürger, der Gemeinde, war bis Diokletian Anfang des 4.Jh. die eigentliche Bezeichnung für den römischen Kaiser. Die Formulierung des Satzes hier läßt den Gedanken durchblicken, daß mit Augustus nun eine neue Weltzeit, das Zeitalter des Friedens, angebrochen ist; eine Vorstellung, die wegen der während seiner Regierungszeit erfolgten Geburt Christi dann Eingang in die Gedankenwelt des frühen Christentums gefunden hat.

14. *Gaium et Lucium Caesares*. Augustus hatte seine beiden Enkel, die Söhne seiner Tochter Iulia und des Agrippa, adoptiert und zur Nachfolge ausersehen. Kein Schicksalschlag hat ihn härter getroffen als deren früher

Tod 4 bzw. 2 n. Chr., den er noch in der Einleitung zu seinem Testament mit fast den gleichen Worten beklagt (30). Auch dieses Kapitel ist gleichsam ein Akt pietätvollen Gedenkens. Die hohen Ehrungen, die den beiden jungen Leuten zuteil wurden, haben zugleich Augustus geehrt und geschmeichelt (31).

deducti sunt in forum. Die Mündigkeitserklärung junger Römer fand mitunter in besonders feierlicher Form statt, indem sie nach dem häuslichen Opfer an die Laren, zum ersten Mal mit der *toga virilis*, dem Männergewand bekleidet, unter zahlreichem Geleit auf das Forum geführt wurden, wo im Archiv nun ihr Name in die Bürgerlisten eingetragen wurde. Für Gaius und Lucius Caesar erhielt dieser jeweils in ihrem fünfzehnten Lebensjahr 5 und 2 v. Chr. stattgefundene Akt noch einen besonderen Anstrich, indem bei dieser Gelegenheit ihr Adoptivvater Augustus seinen zwölften bzw. dreizehnten Konsulat bekleidete; vgl. die Erl. zu Kap. 4 und (32).

principem iuventutis. Ursprünglich verstand man unter den *principes iuventutis* allgemein die adelige römische Jugend; *iuventus* hier in der Bedeutung von waffenfähiger Mannschaft. Seit Augustus kam dieser Titel ausschließlich kaiserlichen Prinzen zu (33) und kennzeichnet sie als Ehrenanführer der römischen Ritter vor allem bei der *transvectio equitum*, der alljährlichen Parade am 15. Juli. Mit ihren silbernen Schilden und Speeren sind sie Vertreter der Dioskuren Kastor und Pollux, zu deren Ehren dieser Aufzug mit stattfindet.

15. *ex testamento patris mei.* Caesar hatte testamentarisch den Angehörigen des stadtrömischen Proletariats dreihundert Sesterzen vermacht. Da Antonius zwar die gesamte Hinterlassenschaft Caesars beschlagnahmt

hatte, die Auszahlung auch dieser Legate jedoch unterließ, begann der junge Octavian noch im Jahr 44 v. Chr. der Bevölkerung nach und nach die ihnen zustehende Summe zuzuweisen, wobei er sein eigenes Vermögen sowie das seiner Verwandten rücksichtslos einsetzte – was, wie bereits erwähnt, nicht wenig zu seiner immer mehr anwachsenden Popularität beitrug (34). Die *plebs* bestand ursprünglich gegenüber den *patricii*, dem Uradel, aus Gemeinfreien, Zuwanderern und wohl auch aus der alten Klientel; zunächst politisch rechtlos hatten die Plebeier im Lauf der Ständekämpfe völlige Gleichberechtigung erkämpft und immer zahlreichere plebeische Familien bildeten mit den Patriziern einen neuen Amtsadel, die Nobilität.

nomine meo ... dedi. Sämtliche Geld- und Getreidespenden, *congiaria* bzw. *frumentationes*, für die eine Gesamtsumme von annähernd 680 Millionen Sesterzen erforderlich war, bestritt Augustus auch in der Folgezeit aus eigenen Mitteln. Es handelt sich hier um Zuwendungen vor allem an das hauptstädtische Proletariat, dessen Versorgung zum wichtigsten sozialen Problem der ausgehenden Republik geworden war. Man hatte, freilich ohne sonderlichen Erfolg, versucht, diese Leute in neugegründeten Städten anzusiedeln, und Caesar reduzierte die Zahl der Empfänger staatlichen Getreides, indem er genau die Bedürftigkeit jedes einzelnen überprüfen ließ. Das Schwanken der Zahlenangaben bei Augustus erklärt sich daraus, daß der Kreis derjenigen, die diese außerordentlichen Geldgeschenke erhielten, stets größer war als der der offiziellen Getreideempfänger, und daß auch Augustus diese im Lauf der Zeit auf etwas mehr als 200000 vermindern konnte. – Nach der ersten Spende gemäß dem Testament Caesars erfolgte die zweite 29 v. Chr. aus Mitteln der Kriegsbeute, die dritte 24 v. Chr. anläßlich der Rückkehr des Augustus aus Spanien. Die vierte Spende bestand darin, daß im Jahr 23 v. Chr. jeden Monat eine Getreideverteilung stattfand. Die fünfte im Jahr 12 v. Chr. erfolgte anläßlich der Wahl des Augustus zum *pontifex maximus*; die sechste und achte in der von Augustus aufgezählten Reihe 5 bzw. 2 v. Chr. bei der Mündigkeitserklärung von Gaius und Lucius Caesar. Dazwischen erwähnt er noch die außerordentliche Geldverteilung an seine Veteranen in den einzelnen Städten anläßlich des Triumphes im Jahr 29 v. Chr.

Als Währungseinheiten nennt Augustus den Sesterz, abgekürzt IIS oder HS (ursprünglich zweieinhalb, zur Zeit des Augustus 4 As); die *nummi* sind damit identisch. Der Denar, die römische Silbermünze, nach der im griechischen Text durchgehend gerechnet wird, hatte zur Zeit des Augustus 4 Sesterzen oder 16 As. Die Umrechnung in eine moderne Währung ist nahezu unmöglich; nimmt man den damaligen und heutigen Goldpreis als Grundlage, so ergibt sich ungefähr 2,50 DM (20 öS) für den Sesterz, also 10 DM (80 öS) für den Denar. Diese Relation ist aber irreführend, da vor allem die Lebenshaltungskosten in der Antike weitaus geringer waren und auch der verschiedene Wert des Silbers im Verhältnis zum Gold unberücksichtigt bleiben muß.

16. *pro agris, quos ... adsignavi militibus.* Zu den schwierigsten Aufgaben eines Heerführers gehörte die Versorgung seiner Soldaten nach Beendigung des Krieges. Dies geschah in der Regel so, daß ihnen kleine Landlose zugewiesen wurden, die für ihren Lebensunterhalt ausreichen sollten. Der dafür notwendige Grund und

74

Boden mußte natürlich erst durch Enteignungen be-
schafft werden; in den Zeiten des Bürgerkriegs waren
davon vor allem die Gemeinden betroffen, die in den
vorausgegangenen Auseinandersetzungen auf der fal-
schen Seite gestanden waren. Den um ihr Hab und Gut
gebrachten früheren Besitzern blieb nichts anderes
übrig, als nach Rom zu ziehen, wo sie das städtische
Proletariat vermehrten; ähnlich erging es aber auch den
neuen Besitzern, die der Feldarbeit ungewohnt oder
unlustig jedem Condottiere verfielen, der ihnen wieder
leichten Gewinn mit dem Schwerte versprach. Dem
Augustus war schon während der Triumviratszeit die
Versorgung der Veteranen als Aufgabe zugefallen; sie
wurde noch erschwert, als nach dem Jahr 30 v. Chr.
plötzlich riesige Heeresmassen abrüsteten. Daß Augustus hier Geldablösen gezahlt hat, ist jedenfalls ein Verhalten, das er mit Recht herausstreichen darf. Von 30
bis 14 v. Chr. wurde den ausgedienten Soldaten noch
Land zugewiesen; seit 7 v. Chr. aber, dem zweiten
Konsulat des Tiberius, erhielten sie eine entsprechende
Geldsumme, was den meisten von ihnen wohl ebenfalls
willkommener war. Zur Beschaffung der dafür erforderlichen Geldmittel vgl. das nächste Kapitel.

17. *qui praeerant aerario.* Der Staatskasse, *aerarium
populi Romani* oder, nach ihrem Aufbewahrungsort im
Tempel dieses Gottes auch *aerarium Saturni* genannt,
standen bis zur Zeit des Augustus die Quästoren vor.
Als Augustus nun 28 v. Chr. das erste Mal helfend ein-
springen mußte, übertrug er dieses Amt an Stelle dieser
jungen, am Anfang ihrer Ämterlaufbahn stehenden Leuten zwei gewesenen Prätoren als *praefecti aerarii Saturni.*

aerarium militare. Zur Bezahlung der Geldprämien an
die Soldaten wurde 6 n. Chr. eine neue Kasse eingerich-

tet, der wieder gewesene Prätoren, und zwar drei, als *praefecti* vorstanden. Die notwendigen Geldmittel verschaffte ihr Augustus zunächst selbst durch eine Einlage von 170 Millionen Sesterzen; für die Zukunft wurden zwei neue Steuern, nämlich eine fünfprozentige Erbschaftssteuer und eine einprozentige Warenumsatzsteuer dafür eingeführt (35, 36).

18. *cum deficerent vectigalia.* Seit dem Jahr 18 v. Chr. übernahm Augustus die Unterstützung unverschuldet in Not Geratener aus seinem eigenen Vermögen, als durch deren Zahlungsunfähigkeit auch die Einkünfte der Staatskassen nachließen. – Die Konsuln, die beide das Cognomen Lentulus trugen, sind P. Cornelius Lentulus Marcellinus und Cn. Cornelius Lentulus, vermutlich entfernte Verwandte.

19. *curiam et ... Chalcidicum.* In diesem Kapitel beginnt Augustus den Bericht über seine Bautätigkeit in Rom mit der Aufzählung derjenigen öffentlichen oder sakralen Bauwerke, die er an der Stelle von alten neu hat errichten lassen (37). Die *curia* ist das Rathaus, das Tagungsgebäude des Senats am Nordrand des Forum Romanum; der von Caesar anstelle der alten *curia Hostilia* begonnene Neubau war von Augustus 29 v. Chr. als *curia Iulia* vollendet worden. Sie ist, nach Brandkatastrophen von Diokletian entsprechend den alten Plänen wiederhergestellt, fast vollständig erhalten geblieben. Zugleich mit der *curia* errichtet und durch zwei Türen mit dieser verbunden war eine kleine Kapelle der Athene von Chalkis auf Euböa, das *Chalcidicum*, lateinisch auch *atrium Minervae* genannt. Davon sind nur noch Mauerreste zu sehen.

templum Apollinis in Palatio. Den Apollo verehrte Augustus als seinen besonderen Schutzgott, da auch die

Schlacht von Actium angesichts eines auf dem Felsen-
kap errichteten Apollotempels stattgefunden hatte. Das
in seinen Grundmauern noch zu erkennende Heiligtum
auf dem Palatin in unmittelbarer Nähe des Hauses des
Augustus war überaus prächtig ausgestattet (38), ver-
fügte über Säulenhallen und eine griechische und lateinische Bibliothek. Im Alter pflegte Augustus hier den
Senat zu versammeln oder Gerichtssitzungen beizu-
wohnen.

aedes divi Iuli. Der Tempel des unter die Götter ver-
setzten Iulius Caesar entstand im Zentrum des Forum
Romanum an der Stelle, wo einst sein Leichnam ver-
brannt worden war. Schon durch die Triumvirn 42 v.
Chr. beschlossen ist er erst 29 v. Chr. fertiggestellt worden; sein Unterbau und die Reste des Altars davor sind
noch erhalten. *Aedes* bezeichnet das Gebäude eines
Tempels an sich, während *templum* von Augustus offenbar stets für die gesamte Anlage verwendet wird. –
Divus ist zum Unterschied von *deus* ein erst später
unter die Götter aufgenommener Mensch; die damit
verbundene Aufnahme in den Staatskult, die auch an
Augustus und einer großen Zahl seiner Nachfolger voll-
zogen wurde, fand in Form eines Totengerichtes im
Senat statt.

Lupercal. Das Heiligtum des Lupercus, eines altitali-
schen Hirtengottes, soll die Höhle am Südhang des
Palatin gewesen sein, in der die Zwillinge Romulus
und Remus von der Wölfin gesäugt wurden; die griechische Übersetzung spricht von einem Heiligtum des
Pan. Die Lage dieser Höhle konnte bisher noch nicht
festgestellt werden.

porticum ... Octaviam. Diese Säulenhalle war ursprünglich durch Cn. Octavius, den Sieger über die

Flotte des Perseus 168 v. Chr. erbaut worden. Augustus stellte sie nach einem Brand 33 v. Chr. wieder her, doch wurde der alte Name beibehalten. – Vom *pulvinar* beim Zirkus Maximus aus pflegte mitunter Augustus den Zirkusspielen zuzusehen; in einem solchen wurden während der Spiele, die ja in der Regel sakralen Charakter hatten, die dabei in Erscheinung tretenden Götterbilder zur Schau gestellt, vgl. auch die Erl. zu Kap. 9.

aedes ... feci. Dem *Iuppiter Feretrius* weihten die römischen Feldherren die Waffen der erschlagenen feindlichen Führer; seine Kapelle auf dem Kapitol soll von Romulus selbst gestiftet worden sein. Das Heiligtum des »donnernden« Iuppiter wieder gelobte Augustus, als während der spanischen Feldzüge in unmittelbarer Nähe seiner Sänfte ein Blitz einschlug, der den vorausleuchtenden Sklaven tötete, ihn selbst aber unbeschädigt ließ (37). – Das ursprüngliche Wesen des wohl sabinischen Gottes *Quirinus* ist kaum mehr faßbar; in historischer Zeit ist Romulus unter diesem Namen als Kriegsgott verehrt worden. Auch *Iuppiter Libertas*, identisch mit *Iuppiter Liber* ist unklar; die griechische Übersetzung Ζεὺς ’Ελευθέριος, »der Befreier«, geht wohl an seinem eigentlichen Wesen vorbei.

aedem Larum in summa Sacra via. Die Laren waren alte italische Schutzgottheiten; die Pflege des von Augustus neu eingeführten Kultes der *Lares compitales*, deren »Bildstöcke« an den Wegkreuzungen standen, war den einzelnen Bezirksvorstehern übertragen. Die *via Sacra*, die vom Tal des Kolosseums über den Sattel der Velia auf das Forum führte, war die vornehmste und teuerste Geschäftsstraße des antiken Rom, wo vor allem Juweliere und Goldarbeiter ihre Läden hatten. Ihren höch-

sten Punkt erreichte sie etwa an der Stelle des Titus-
bogens. – Die Penaten sind die Schutzgottheiten der
Familie wie des gesamten Staates; die *Iuventas*, deren
Tempel sich im Zirkus Maximus befand, die personifi-
zierte und göttlich verehrte Jugend.

aedem Matris Magnae in Palatio. Der in Kleinasien
beheimatete Mysterienkult der Kybele, der »Großen
Mutter« war auf Grund eines Hinweises in den sibyllinischen Büchern während der Notzeiten des zweiten
Punischen Krieges in Rom eingeführt worden (39). Der
durch Augustus nach einem Brand 3 n. Chr. völlig neu
errichtete Tempel ist in seinen Grundmauern noch erhalten.

20. *Capitolium et Pompeium theatrum.* Mit größerer
Ausführlichkeit schildert Augustus seine zum Teil unter
großem Aufwand erfolgten Wiederherstellungs- und
Restaurierungsarbeiten an älteren Bauwerken. Das
Capitolium ist hier der Tempel des *Iuppiter optimus
maximus*, des obersten Reichsgottes auf dem Kapitol.
Der Überlieferung nach war er noch in der Königszeit
begonnen und im ersten Jahr der Republik 509 v. Chr.
eingeweiht worden; nach einer Brandkatastrophe hatte
ihn Q. Lutatius Catulus 69 v. Chr. wiederherstellen lassen. Seine Grundmauern sind im Souterrain des Museo
Nuovo Capitolino zum Teil noch zu sehen. – Das
Pompeiustheater, erbaut 55 v. Chr., war das erste stei-
nerne Bühnentheater in Rom gewesen. Seine Sitzreihen
hatten gleich einer monumentalen Freitreppe zu dem
auf seiner Höhe befindlichen Tempel der *Venus victrix*
emporgeführt. Es galt noch im 4. Jh. als eine besondere
Zierde der Stadt; seine ehemalige Lage auf dem Marsfeld läßt sich noch an der kreisförmigen Anordnung
der betreffenden Häuser erkennen.

rivos aquarum ... refeci. Von den unter seiner Herrschaft wiederhergestellten oder verbesserten Wasserleitungen nennt Augustus nur die *aqua Marcia*; sie war
144 v. Chr. durch den Prätor Marcius Rex erbaut worden und steht zum Teil noch heute in Verwendung
(40, 41). Zur Oberaufsicht über die Wasserversorgung
Roms hatte Augustus 11 v. Chr. den Posten eines *curator aquarum* geschaffen, der als senatorisches Spitzenamt
mit einem gewesenen Konsul besetzt wurde.

forum Iulii et basilicam. Beide Anlagen waren durch
Caesar begonnen und noch unvollendet 46 v. Chr. eingeweiht worden. Durch Augustus fertiggestellt wurde
die Basilika, unter der man sich eine gedeckte Halle für
die verschiedenen Geschäfte des Forums zu denken hat,
nach einem Brand im Namen seiner verstorbenen Enkel
C. und L. Caesar wieder aufgebaut und 12 n. Chr.
erneut geweiht, wobei er für ihre Fertigstellung, falls
er sie nicht mehr erlebt hätte, auch nach seinem Tod
Vorsorge getroffen hat. Umfangreiche Reste der beiden
Anlagen auf dem Forum sind durch die Grabungen
aufgedeckt worden. – Zu den von Augustus in der
Stadt allenthalben wiederhergestellten Heiligtümern
vgl. (42).

viam Flaminiam. Die Via Flaminia, erbaut durch den
Zensor C. Flaminius 220 v. Chr., führte von Rom nord-
wärts nach Ariminum (Rimini), wo sie durch die Via
Aemilia ihre Fortsetzung fand (43, 44).

praeter Mulvium et Minucium. Über den *pons Mulvius*
im Norden von Rom führte die Via Flaminia; 312 n.
Chr. fand in seiner Nähe die berühmte Schlacht zwischen Konstantin und Maxentius statt, die mit dem
nach der Überlieferung unter dem Zeichen Christi er-
fochtenen Sieg des ersteren endete. Die Brücke, heute

ponte Milvio, ist fast zur Gänze in ihrer antiken Form erhalten. Die Lage des *pons Minucius* ist unbekannt.

21. *in privato solo.* Augustus schließt seinen Bautenbericht mit der Erwähnung derjenigen Gebäude ab, für deren Errichtung der notwendige Grund und Boden erst durch Kauf aus privater Hand erworben werden mußte. Wie auch bisher übergeht er generell alle Bauten, die von seinen Angehörigen oder den ihm nacheifernden vornehmen Römern errichtet wurden.

Martis Ultoris templum forumque Augustum. Wohl die bedeutendste bauliche Leistung des Augustus ist sein »Kaiserforum« mit dem Tempel des Rächers Mars als sakrales Zentrum. Dieses Heiligtum war 42 v.Chr. in der Schlacht von Philippi gelobt und aus der Kriegsbeute errichtet worden (37); seine Einweihung erfolgte 2 v.Chr. (45). Zu beiden Seiten des Tempels befanden sich Säulenhallen, deren Gebälk von Karyatiden getragen wurde. Rechts und links wurde die gesamte Anlage von zwei gewaltigen Apsiden umfaßt; in Nischen standen die Statuen großer Römer, der Ahnen des iulischen Hauses und bedeutender Feldherrn mit erklärenden Beischriften (46). Eine hohe, zum Großteil bis heute erhaltene Feuermauer sicherte die gesamte Anlage gegen das angrenzende Stadtviertel.

theatrum... Marcelli. Für ein zweites steinernes Theater hatte schon Caesar den Baugrund teilweise vorbereiten lassen; Augustus erwarb nun weiteres Gelände dazu und weihte das Theater 11 v.Chr. zu Ehren seines bereits 23 v.Chr. verstorbenen Neffen und Schwiegersohnes Marcellus, den er einst auch zum Nachfolger ausersehen hatte. Das Theater hatte ein Fassungsvermögen von bis zu 14000 Zuschauern. Es ist in seiner äußeren Form noch erhalten, da es im Mittelalter den Pierleoni und Orsini als Festung gedient hatte.

in aede Vestae. Damit ist wohl das Heiligtum auf dem Forum gemeint, wo die Vestalischen Jungfrauen das der Göttin heilige Herdfeuer hüteten. In diesem Tempel wurden die uralten Kultgegenstände des römischen Staates verwahrt; vornehme Römer pflegten dort auch ihre Testamente zu hinterlegen.

aurum coronarium. Nach altem Brauch pflegten Städte im Kriegsgebiet, die durch einen Sieg von feindlicher Gefahr befreit worden waren, dem siegreichen Feldherrn, sobald ihm ein Triumph bewilligt worden war, goldene Kränze oder eine entsprechende Summe in Gold zu überreichen. Dies nahm auch Augustus an; was er ablehnte sind die jeweils tausend Pfund Gold (327,45 kg), die ihm die fünfunddreißig Tribus (Steuerbezirke) in Rom und Italien bei gleicher Gelegenheit darbringen wollten.

22. *munus gladiatorium.* Augustus zählt in diesem und dem folgenden Abschnitt insgesamt 67 solcher Veranstaltungen auf, die er im Lauf der Zeit in seinem eigenen Namen oder in dem von Angehörigen aus verschiedenen Anlässen für das Volk ausrichtete. Ursprünglich aus dem etruskischen Totenkult übernommen und damit sakrale Pflicht, waren sie im Lauf der Zeit zu einer wichtigen politischen Waffe im Kampf um die Volksgunst geworden. Deshalb wurde in der Kaiserzeit, abgesehen von den immer mehr anwachsenden Kosten, die Abhaltung von Gladiatorenspielen durch Privatleute in zunehmendem Maße eingeschränkt.

ludos saeclares ... feci. Im Jahr 17 v. Chr. fanden besondere Feierlichkeiten anläßlich der Beendigung eines *saeculum* statt, des Zeitraums, in dem eine völlig neue

Generation heranwächst und niemand der alten mehr am Leben ist, also etwa hundert bis hundertzwanzig Jahre; damals sollte zugleich das Anbrechen des neuen, glücklichen Zeitalters unter Augustus gefeiert werden. Ein wohl eigens zu diesem Zweck erfundener Orakelspruch aus den Sibyllinischen Büchern wurde im Senat vorgelegt, mit Anweisungen für die Festfeier, der uns bei spätantiken Autoren überliefert wird (47). Die erhaltenen Akten zu diesem Anlaß nennen auch Horaz als Verfasser des von Knaben und Mädchen feierlich gesungenen Festliedes (47a). Agrippa ist *collega* als Teilhaber der *tribunicia potestas*; zugleich war er auch Mitglied des unter der Leitung des Augustus stehenden fünfzehnköpfigen, aus den *XV viri sacris faciundis* bestehenden Organisationskomitees. – Die *ludi Martiales* wurden erstmalig 2 v. Chr. anläßlich der Einweihung des Tempels des Mars Ultor abgehalten.

23. *navalis proeli spectaculum.* Das Schauspiel einer Seeschlacht gehörte wegen des ungeheuren dafür notwendigen Aufwandes naturgemäß zu den seltensten Veranstaltungen dieser Art; die genannte Darbietung fand ebenfalls bei der Einweihung des Mars Ultor-Tempels als Kampf zwischen Persern und Athenern statt, wofür ein Becken von 540 m Länge und 360 m Breite ausgehoben werden mußte (48). Eine weitere derartige Seeschlacht fand 52 n. Chr. unter Claudius auf dem Fucinersee mit 19000 Kämpfern statt.

24. *ornamenta reposui.* Antonius hatte, um für seinen Krieg gegen Octavian die notwendigen Geldmittel aufzutreiben, die kostbaren, aus Edelmetallen gefertigten Götterbilder und Weihgeschenke aus den Tempelschätzen requiriert. Soweit sich diese noch zustande bringen ließen, wurden sie von Augustus als Zeichen

seiner *pietas* gegenüber den Göttern wieder zurückgestellt. Auch eine Statue des Apollo von Myron soll
sich darunter befunden haben (49).

statuae argenteae … sustuli. Die Verwendung von
Edelmetallen für Standbilder war an sich den Göttern
vorbehalten, also Augustus gegenüber wieder eine über
menschliches Maß hinausgehende Ehrung. Er unterstreicht dies, indem er die hohe Zahl solcher Statuen in
Rom anführt, erweist aber zugleich erneut seine *pietas*,
indem er statt dessen dem Apollo goldene Weihgeschenke in seinem und der Stifter Namen darbringt.

25. mare pacavi a praedonibus. Die Seeräuber, denen
einst auch Caesar in die Hände gefallen war, hatten
lange Zeit als die größte Plage des Mittelmeeres gegol-
ten. Augustus spielt aber hier konkret auf seinen Kampf
gegen Sextus Pompeius an, der, ein Sohn des »großen«
Cn. Pompeius, sich nach dessen Untergang Siziliens
bemächtigt hatte und mit seinen großen, teilweise mit
entlaufenen Sklaven bemannten Flotten die Nahrungsmittelversorgung Roms bedrohte (50). Nach dem von
beiden Seiten nur als Waffenstillstand gedachten Vertrag von Misenum 39 v. Chr. endete der Krieg mit den
durch die Tüchtigkeit des Agrippa entschiedenen Seeschlachten von Mylae und Naulochos 36 v. Chr.; vgl.
auch Kap. 3. Obwohl den Sklaven zunächst die Freiheit versprochen worden war, wurde dennoch eine
große Anzahl von ihnen gekreuzigt oder ihren ehemaligen Herrn zur Bestrafung übergeben (51).

iuravit in mea verba tota Italia. Der für die Stellung des
Augustus so bedeutsame Gefolgschaftseid fand 32 v.
Chr. statt, als der Krieg gegen Antonius unmittelbar
bevorstand. »Spontan« wird Octavian als Führer im ge-
rechten Krieg gegen Kleopatra und ihren ehrvergessenen

Buhlen gefordert, und gleichsam als Klient begibt sich Italien und der gesamte Westen unter seinen Schutz.

sub signis meis. Die hohe Zahl von bedeutenden Männern in seinen Reihen soll propagandistisch in den Augen der Leser einen weiteren Beweis für die Gerechtigkeit seiner Sache bilden. Viele von den Senatoren waren aber auch gleichsam als Geiseln in den Krieg mitgenommen worden (52), und verständlicherweise überhäufte Augustus später seine Anhänger mit Ehrenstellen und Priestertümern.

26. *Gallias et Hispanias provincias item Germaniam … pacavi.* Unter seinen außenpolitischen Erfolgen erwähnt Augustus zunächst die Sicherung, Erweiterung und Abrundung bereits bestehender Eroberungen; sie berücksichtigen in der angeführten Reihenfolge ungefähr den chronologischen Ablauf. Gallien wurde, nachdem Caesar das Land fast zur Gänze unterworfen hatte, durch Feldzüge gegen die Moriner und Aquitaner 28 und 27 v. Chr. endgültig dem Reich angegliedert und in drei Einzelprovinzen, *Belgica, Lugdunensis* mit dem Vorort Lugdunum (Lyon) und *Aquitania* aufgeteilt. In Spanien kämpfte Augustus 27 bis 25 v. Chr. selbst gegen die Cantabrer und tilgte damit den letzten Unruheherd; einen aus diesem Anlaß ihm angetragenen Triumph hat er aber abgelehnt. Statt der republikanischen Gliederung in die Provinzen *Hispania citerior* und *ulterior* schafft Augustus mit der *Baetica, Lusitania* und *Tarraconensis* eine neue Einteilung. Das Germanengebiet zwischen Rhein und Elbe wurde von 12 bis 9 v. Chr. durch den jüngeren Stiefsohn des Augustus, Drusus, und nach dessen Tod von Tiberius bis 6 v. Chr. unterworfen (53); die Einziehung auch des Sudetenraumes bis zur Donau, die man bereits in Angriff genommen hatte, scheiterte

an einem im pannonischen Hinterland 6 n. Chr. aus-
gebrochenen Aufstand. Durch die Schlacht im Teutoburger Wald 9 n. Chr. gingen dann mit einem Schlag
die gesamten rechtsrheinischen Besitzungen verloren,
und nur die Einrichtung von zwei »germanischen« Provinzen auf dem linken Rheinufer erlaubte es, wenigstens den Anschein eines Erfolges aufrechtzuerhalten.

Alpes ... pacari feci. Die Einziehung des gesamten
Alpenbereiches erfolgte zum Teil unter schweren
Kämpfen gegen rätische und vindelikische Stämme,
deren auf unzugänglichen Felsen gelegene Burgen einzeln erstürmt werden mußten, durch Drusus und Tiberius 15 v. Chr. (54, 55). Das schon lange und intensiv
beeinflußte Königreich *Noricum* im Gebiet der Ost-
alpen dagegen ist ohne schwere Auseinandersetzung im
römischen Reich aufgegangen.

classis mea ... navigavit. Die angeführte Seexpedition
fand unter dem Kommando des Tiberius 5 n. Chr. statt
(56), die Kriegszüge in *Arabia Eudaemon,* der späteren
Arabia Felix 25/24 v. Chr., nach Äthiopien gegen die
dortige Königin Kandake, die einen Einfall in Ägypten
gemacht hatte und dabei bis Theben gelangt war, 24
bis 22 v. Chr. Ihre Residenz Nabata (Napata) nördlich
der alten nubischen Königsstadt Meroë liegt nilauf-
wärts etwa 1500 km vom Mittelmeer entfernt (57). –
Zur Gesandtschaft der Kimbern vgl. (58).

27. *Aegyptum imperio populi Romani adieci.* Als Tag
der Einziehung Ägyptens nach dem Fall von Alexandria
wird der 1. August 30 v. Chr. angegeben; dies galt mit
als Grund dafür, daß man den Monat *Sextilis* mit dem
Namen des Augustus bezeichnete (59). Damit hatte
auch das Ptolemäerreich, der letzte unter den Nach-
folgestaaten Alexanders des Großen, zu bestehen auf-

gehört. Da Ägypten aber für die Getreideversorgung Roms von ausschlaggebender Bedeutung war und seine von allen Seiten durch Meere oder Wüsten geschützte Lage bei kühner Verteidigung eine Neueroberung sehr erschwert hätte, erhielt das Land nicht das übliche Provinzialstatut, sondern blieb gleichsam kaiserliches Krongut mit einem ritterlichen *praefectus Aegypti* an der Spitze seiner Verwaltung (60). Wie berechtigt diese Vorsichtsmaßnahme war, zeigt der Umstand, daß dennoch gleich der erste dieser Statthalter, der Elegiendichter C. Cornelius Gallus, den Verlockungen seiner königsgleichen Stellung erlag, angeklagt und zum Selbstmord getrieben wurde.

Armeniam ... malui regnum. Schon diese knappe Schilderung bei Augustus wirft ein bezeichnendes Licht auf die Zustände in diesem kleinasiatischen Königreich und ist nahezu symbolhaft für die Schwierigkeiten, denen sich Rom als Aufsichtsmacht immer wieder gegenübersah. Zudem entzündete sich gerade an der armenischen Frage stets aufs neue die alte Rivalität mit dem Parther- und später dem Neuperserreich. – Die Ermordung des romfeindlichen Königs Artaxes und Einsetzung des Tigranes war 20 v. Chr. erfolgt; die Mission des C. Caesar im Jahre 1/2 n. Chr. Das umständliche Anführen der Abstammungsverhältnisse soll die Legitimität des jeweils eingesetzten Herrschers unterstreichen.

provincias omnes ... reciperavi. Dieser Satz bezieht sich auf die Wiedergewinnung der im Vertrag von Brundisium 40 v. Chr. dem Antonius zugesprochenen Reichsteile, die dieser völlig verfassungswidrig zum Teil Kleopatra oder ihren gemeinsamen Kindern vermacht hatte (61). Das *bellum servile* ist der schon erwähnte Krieg gegen Sex. Pompeius.

28. *colonias ... militum deduxi.* Während der Ausbreitung der römischen Herrschaft in Italien waren *coloniae* als wehrhafte Städte zur Sicherung des eroberten Gebietes angelegt worden. Das Sozialreformprogramm der Gracchen nahm diese Einrichtung wieder auf, nun zu dem Zweck, das hauptstädtische Proletariat in neuzugründenden Städten der Provinz anzusiedeln. Zur Versorgung der Veteranen wurde dies von Caesar und vor allem auch Augustus fortgesetzt, wodurch er in den einzelnen Provinzen ihm treu ergebene Städte und zugleich sichere Garanten der Ruhe und Ordnung gewann (62). Daneben wurden auch zahlreiche Ansiedlungen in Italien selbst vorgenommen (63). – Von den angeführten geographischen Bezeichnungen ist Pisidien keine Provinz, sondern eine Landschaft der Provinz Galatien in Kleinasien.

29. *signa militaria ... recepi.* Was militärische Führer vor ihm verschuldet haben, nämlich den schmählichen Verlust von Feldzeichen, das hat Augustus durch deren Rückgewinnung wieder gut gemacht und so auch den kleinsten Makel von römischer Waffenehre getilgt. Wann die Feldzeichen in Spanien verlorengegangen sind, ist nicht recht bestimmbar; die für die Römer nicht immer ruhmreichen Kriegshandlungen seit über zweihundert Jahren hatten reichlich Gelegenheit dazu geboten. Ebenso wissen wir nichts Näheres über einen solchen Verlust in Gallien. Die von den Dalmatern wiedergewonnenen Legionsadler und *vexilla* waren während der Feldzüge 48 und 44 v.Chr. in feindliche Hände geraten. Das bedeutendste Ereignis aber war es, als durch den Partherkönig Phraates, der sich innenpolitischer Schwierigkeiten wegen gerade um gute Beziehungen zu Rom bemühte, im Jahr 20 v.Chr. die

Feldzeichen dreier Heere zurückgestellt wurden. Vor allem der Untergang des römischen Heeres unter Crassus 53 v. Chr. bei Karrhae war noch zu gut in Erinnerung; dieser mit diplomatischen Mitteln erzielte Erfolg machte daher einen größeren Eindruck in Rom, als noch so viele tatsächlich erfochtene Siege es vermocht hätten (64). Der Senat beantragte einen freilich von Augustus abgelehnten Triumph, und auch in Dichtung und bildender Kunst wurde immer wieder darauf Bezug genommen (65, 66). Die Feldzeichen selbst, zunächst an verschiedenen Orten ausgestellt, kamen schließlich ins Innere des Tempels des Mars Ultor, der damit über seine Funktion als Rächer der Ermordung Caesars hinausgehoben wird zu einer mächtigen, jede Rom angetane Unbill unerbittlich verfolgende Gottheit.

30. *Pannoniorum gentes ... subieci.* Nachdem bereits während des illyrischen Feldzuges 35 bis 33 v. Chr. Augustus die ersten Kämpfe gegen die pannonischen Völkerschaften geführt hatte, wurden sie in den Jahren 12 bis 9 v. Chr. von Tiberius unterworfen (67). Allerdings waren 6 bis 9 n. Chr. weitere, von Augustus hier nicht erwähnte Kämpfe nötig, um das Gebiet endgültig zu befrieden. *Legatus* ist die offizielle Bezeichnung für einen unter dem kaiserlichen Oberbefehl stehenden Heerführer; zugleich auch der Titel kaiserlicher Statthalter senatorischen Ranges. Unter *Illyricum,* ursprünglich nur der Küstenstreifen am Ostufer des Adriatischen Meeres, wird seit diesen Eroberungen die gesamte Ländermasse zwischen Adria und der mittleren Donau zusammengefaßt, die späteren Provinzen Pannonien und Dalmatien.

Dacorum ... exercitus. Der erste Einbruch der Daker erfolgte 10 v. Chr. über die gefrorene Donau (68). Den

Kriegszügen gegen sie in ihrem eigenen Land war nur
vorübergehender Erfolg beschieden; das *imperia ...*
perferre coegit des Augustus übertreibt ein wenig den
tatsächlichen Sachverhalt. Erst in zwei großen Daker-
kriegen 101/102 und 105/106 n. Chr. wird das Land
unter Trajan römische Provinz.

31. *ex India regum legationes.* Wie im Mittelalter Gesandte Harun al Raschids zu Karl dem Großen kamen,
so war der Ruhm des Augustus bis in den Fernen Osten,
bis Baktrien und Indien gedrungen. Obgleich sich die
Spuren kühner Handelsunternehmer auch zur Zeit des
Augustus schon an der Ostküste Vorderindiens und auf
Ceylon nachweisen lassen, beschränkte sich doch die
Kenntnisse von diesen sagenhaften Ländern im wesentlichen auf die Nachrichten, welche die gelehrten Geo-
graphen und Historiker des Alexanderzuges überliefert
hatten. Drei Gesandtschaften aus Indien sind bezeugt,
von denen die erste 25 v. Chr. Augustus sogar bis nach
Spanien nachreiste.

amicitiam appetiverunt. Die Bastarner waren ein ger-
manischer Stamm an der Donaumündung, die gemeinsam mit den Dakern 10 v. Chr. diesen Einfall ins Reichs-
gebiet unternommen hatten; die Skythen und Sarmaten saßen in der südrussischen Steppe am Unterlauf des
Don (Tanais). Die Albani – nicht identisch mit den Vor-
läufern der heutigen Albaner – und Hiberi wohnten am
Kaspischen Meer nördlich des Kaukasus und in Georgien (69).

32. *supplices confugerunt reges.* Tiridates hatte sich 31
v. Chr. gegen den Partherkönig Phraates IV. erhoben,
mußte aber zu den Römern fliehen. Ein zweiter, 26
v. Chr. mit Wissen der Römer unternommener Ver-
such schlug ebenfalls fehl. Bei dieser Gelegenheit sandte

dann Augustus den gleichnamigen Sohn des Phraates,
der sich als Geisel in Rom befunden hatte, seinem
Vater zurück; diese Handlungsweise veranlaßte letzteren später mit zur Rückgabe der Feldzeichen, vgl.
Kap. 29. Der Mederkönig Artavasdes war 31/30 v. Chr.
von den Parthern aus seinem Stammland Atropatene
vertrieben worden. Ein ähnliches Schicksal scheint
Artaxares widerfahren zu sein; die Adiabener wohnten
im späteren Kurdistan zwischen Tigris und dem Zagros-
gebirge. Über die Britannenfürsten Dumnobellaunus
und Tincommius wissen wir sonst nichts Genaues, jedoch soll Augustus für 27 v. Chr. eine Expedition auf
die Insel vorbereitet haben. Maelo war der Führer der
Sugambrer, die 16 v. Chr. über den Rhein vorgedrun-
gen waren und dabei auch Erfolge über römische Truppen erzielt hatten (70, 71). Im Jahr 8 v. Chr. wurden sie
jedoch besiegt und auf das linke Rheinufer umgesie-
delt. Die Markomannen gehören, wie hier richtig fest-
gehalten ist, zur Völkerfamilie der Sueben. Während
der größte Teil von ihnen sich unter Marbod im heutigen Böhmen niederließ, trat eine kleine Stammes-
gruppe wohl unter Führung dieses Fürsten, dessen
Name sich nicht mit Sicherheit bestimmen läßt, auf
römisches Gebiet über.

filios suos ... misit. Phraates IV. hatte seine rechtmäßi-
gen Söhne nach Rom gesandt, um seinem Liebling
Phraatakes die Nachfolge zu sichern. Dieser war der
Sohn einer ihm von Augustus geschenkten italischen
Sklavin (72): Augustus vermeidet das Wort *obsides*,
Geiseln, und verwendet statt dessen des unverfäng-
lichere *pignora*.

33. *reges petitos acceperunt.* Im Jahr 9 n. Chr. sandte
der Kaiser von den in Rom lebenden Söhnen Phraates'

den Prinzen Vonones als legitimen Herrscher in sein
Reich zurück (73). Seine Brüder Rhodaspes und Seraspadanes sind in Rom gestorben; ihre Grabinschrift von
der Via Appia hat sich erhalten (74). Zur gleichen Zeit
wurde mit der Einsetzung des Ariobarzanes Medien
(Atropatene) als zweiter Vasallenstaat wieder eingerich-
tet. Ariobarzanes war ein Sohn des Kap. 32 genannten
Artavasdes; dessen Vater Ariobarzanes wieder war
2 n. Chr. von C. Caesar eingesetzt worden, vgl.
Kap. 27.

34. *potitus rerum omnium.* Wie Augustus in den ersten
Abschnitten die Anfänge seiner Laufbahn geschildert
hat und die ersten, für seine damaligen Verhältnisse
außerordentlich erscheinenden Würden im römischen
Staat anführt, so schließt er in diesen beiden Kapiteln
mit den Höhepunkten seiner Laufbahn, den politischen
und persönlichen. Er hat im Lauf seiner Darlegungen
gezeigt, welche bedeutsamen und zugleich glücklichen
Folgen sich aus seinen ersten Schritten ergeben haben,
er rechtfertigt damit seine eigenen Entschlüsse und die
für ihn gefaßten von Volk und Senat, und aus der zwingenden Folgerichtigkeit der einzelnen Stufen, die ihn
zu dieser Höhe hinaufgeführt haben, erhellt mit aller
Deutlichkeit, daß nicht er selbst es ist, um dessentwillen
dies alles geschehen mußte: es ist die unabdingbare
Macht des Schicksals, dessen ewigem Plan sich alles
unterordnen muß, es ist die Größe Roms, die all dies
erforderlich machte. – Obwohl Augustus die absolute
Macht im Staat durch den *consensus universorum* erhalten hatte, legte er sie in einer feierlichen Senatssitzung
am 13. Jänner 27 v. Chr. in die Hände des Senats und
des römischen Volkes zurück, als mit der Beendigung
der Bürgerkriege jede Notwendigkeit für eine solche

Ausnahmsgewalt weggefallen zu sein schien. Was seine Stellung in der Folgezeit ausmacht, ist nicht mehr die Alleinherrschaft, sondern sind die normalen, auf seine Person übertragenen Befugnisse eines römischen Beamten, ist vor allem seine *auctoritas,* neben der sogar die des Senates zurücktritt, ist der Prinzipat.

Diese *auctoritas* – das bedeutsame Wort ist erst durch einen Splitter des Monumentum Antiochenum gesichert worden – ist kein staatsrechtlich fest umrissener Begriff, keine besondere oder zusätzliche Befugnis des Augustus, sondern allgemein sein Einfluß, das Gewicht seiner Persönlichkeit und seines Ansehens, mehr und für die anderen Männer im Staat in ihren Handlungen bestimmender als bloße »Autorität« im modernen Wortsinn.

Augustus appellatus sum. Man hatte zunächst daran gedacht, ihm den Beinamen Romulus zu geben; *augustus* gehörte bis dahin ausschließlich dem sakralen Bereich an, und als man sich für diesen neuen und für einen Menschen unerhörten Namen entschloß, wurde seine Stellung damit gleichsam in die göttliche Sphäre hinausgehoben (75, 76). Der Name des Kaisers, wie er seitdem lautet, Imperator Caesar Augustus, ist für seine Nachfolger ein ihre Stellung kennzeichnender Titel geworden, der den Rahmen um ihre eigenen Namen bildet.

corona civica ... et clupeus aureus. Die *corona civica,* ein Kranz aus Eichenlaub, war als militärische Auszeichnung dem verliehen worden, der einen Bürger aus Todesnot rettete; für Augustus ist dies selbstverständlich im übertragenen Sinn zu verstehen (77). Sie wurde mit entsprechenden Inschriften auch auf Münzen abgebildet (78); ebenso finden sich Darstellungen des goldenen Ehrenschildes (79).

35. *appellavit me patrem patriae.* Die Verleihung des Ehrennamens *pater patriae* 2 v. Chr. hat Augustus, obwohl sie schon in der Republik vorkam, stets für die höchste Ehrung gehalten, die ihm zuteil geworden ist; sie wiegt um so schwerer, als der Wortführer im Senat, der hochangesehene Konsular M. Valerius Messalla Corvinus, zu den dem Prinzipat eher ablehnend gegenüberstehenden Adelskreisen gehörte (80). Der Beschluß wurde unter dem Viergespann, welches auf dem von Augustus errichteten Kaiserforum stand, aufgezeichnet.

annum agebam septuagesimum sextum. Mit der Angabe seines Lebensalters schließt Augustus seinen Tatenbericht und rundet zusammen mit dem ersten Satz damit sein gesamtes politisches Wirken auch äußerlich ab. Der folgende knappe Auszug gehört nicht zur Originalschrift, sondern ist wohl erst für die Bedürfnisse der Provinzen zusammengestellt worden.

BELEGSTELLEN

Sueton, Aug. 101,1 und 4.

1. Testamentum L. Planco C. Silio cons. III Non. Apriles, ante annum et quattuor menses quam decederet, factum ab eo ac duobus codicibus partim ipsius partim libertorum Polybi et Hilarionis manu scriptum depositumque apud se virgines Vestales cum tribus signatis aeque voluminibus protulerunt. quae omnia in senatu aperta atque recitata sunt. ... tribus voluminibus uno mandata de funere suo complexus est, altero indicem rerum a se gestarum, quem vellet incidi in aeneis tabulis, quae ante Mausoleum statuerentur, tertio breviarium totius imperii, quantum militum sub signis ubique esset, quantum pecuniae in aerario et fiscis et vectigaliorum residuis. adiecit et libertorum servorumque nomina, a quibus ratio exigi posset.

Cassius Dio, LVI 33,1–3.

2. Τοσαῦτα μὲν αἱ διαθῆκαι ἐδήλουν, ἐσεκομίσθη δὲ καὶ βιβλία τέσσαρα· καὶ αὐτὰ ὁ Δροῦσος ἀνέγνω. ἐγέγραπτο δὲ ἐν μὲν τῷ πρώτῳ ὅσα τῆς ταφῆς εἴχετο, ἐν δὲ τῷ δευτέρῳ τὰ ἔργα ἃ ἔπραξε πάντα, ἃ καὶ ἐς χαλκᾶς στήλας πρὸς τῷ ἡρῴῳ αὐτοῦ σταθείσας ἀναγραφῆναι ἐκέλευσε· τὸ τρίτον τά τε τῶν στρατιωτῶν καὶ τὰ τῶν προσόδων τῶν τε ἀναλωμάτων τῶν δημοσίων, τό τε πλῆθος τῶν ἐν τοῖς θησαυροῖς χρημάτων, καὶ ὅσα ἄλλα τοιουτότροπα ἐς τὴν ἡγεμονίαν φέροντα ἦν, εἶχε, καὶ τὸ τέταρτον ἐντολὰς καὶ ἐπισκήψεις τῷ Τιβερίῳ καὶ τῷ κοινῷ ...

Strabo, V 3,8 p. 236 C.

3. Ἀξιολογώτατον δὲ τὸ Μαυσώλειον καλούμενον, ἐπὶ κρηπῖδος ὑψηλῆς λευκολίθου πρὸς τῷ ποταμῷ χῶμα μέγα, ἄχρι κορυφῆς τοῖς ἀειθαλέσι τῶν δένδρων συνηρεφές· ἐπ' ἄκρῳ μὲν οὖν εἰκών ἐστι χαλκῆ τοῦ Σεβαστοῦ Καίσαρος, ὑπὸ δὲ τῷ χώματι θῆκαί εἰσιν αὐτοῦ καὶ τῶν

1. Sein Testament hatte er im Konsulatsjahr des L. Plancus und C. Silius (13 n. Chr.) am 3. April, also ein Jahr und vier Monate vor seinem Tod abgefaßt. Es war auf zwei doppelten Wachstafeln zum Teil von seiner eigenen Hand, zum Teil von der seiner Freigelassenen Polybius und Hilarion geschrieben und bei den Vestalischen Jungfrauen hinterlegt gewesen; diese brachten es nun mit drei in gleicher Weise gesiegelten Schriftrollen herein, und all dies wurde im Senat geöffnet und verlesen ... Von den genannten drei Buchrollen enthielt die eine Vorschriften bezüglich seines Leichenbegängnisses, die zweite ein *Verzeichnis seiner Leistungen,* welches nach seinem Willen auf Bronzetafeln aufgezeichnet und vor seinem Mausoleum angebracht werden sollte. Die dritte Schriftrolle umfaßte eine Übersicht über die gesamte Reichsverwaltung, wieviele Soldaten allenthalben unter den Fahnen stünden, wieviel Geld im Staatsschatz und in den kaiserlichen Kassen wäre und welche Außenstände es an Steuern gäbe. Er hatte auch die Namen der Freigelassenen und Sklaven beigefügt, von denen man Rechenschaft hierüber fordern könnte.

2. Dies waren also die Bestimmungen in seinem Testament. Nun wurden vier Bücher hereingebracht, und Drusus[1] verlas sie. Im ersten hatte er Vorschriften über sein Leichenbegängnis niedergeschrieben, im zweiten alle *Taten, die er vollbracht hatte,* mit der Anordnung, daß diese auf Bronzetafeln aufgezeichnet würden, welche vor seinem Grabmal Aufstellung finden sollten. Das dritte Buch umfaßte Angaben über das Heer, die öffentlichen Einnahmen und Ausgaben, die Geldbeträge in den Kassen und was es sonst noch an derartigen Hinweisen bezüglich einer Regierung gibt. Das vierte Buch schließlich enthielt Anordnungen und Aufträge für Tiberius und die Allgemeinheit.

[1] Der Sohn des Tiberius.

3. Die bedeutendste Sehenswürdigkeit aber (auf dem Marsfeld) ist das sogenannte Mausoleum. Über einem hohen Unterbau aus weißem Stein erhebt sich am Strom ein großer Hügel, über und über mit immergrünen Bäumen bedeckt. An seiner Spitze befindet sich das Bronzestandbild des Kaisers Augustus, und darunter sind die Grabstätten für ihn, seine

συγγενῶν καὶ οἰκείων, ὄπισθεν δὲ μέγα ἄλσος περιπάτους
θαυμαστοὺς ἔχον.
Sueton, Aug. 100,4.

4. Id opus inter Flaminiam viam ripamque Tiberis sexto suo
consulatu extruxerat circumiectasque silvas et ambulationes
in usum populi iam tum publicarat.

Cicero, ad fam. XI 20,1.
Aus einem Brief des D. Brutus an Cicero.

5. Labeo Segulius ... narrat mihi aput Caesarem se fuisse mul-
tumque sermonem de te habitum esse. ipsum Caesarem nihil
sane de te questum, nisi dictum quod diceret te dixisse »lau-
dandum adulescentem, ornandum, tollendum«; se non esse
commissurum, ut tolli possit.

Sueton, Aug. 11.

6. Hoc bello cum Hirtius in acie, Pansa paulo post ex vulnere
perissent, rumor increbruit ambos opera eius occisos, ut
Antonio fugato, re p. consulibus orbata solus victores exercitus occuparet. Pansae quidem adeo suspecta mors fuit, ut
Glyco medicus custoditus sit, quasi venenum vulneri indi-
disset. adicit his Aquilius Niger alterum e consulibus Hirtium
in pugnae tumultu ab ipso interemptum.

Sueton, Aug. 26,1.

7. Consulatum vicesimo aetatis anno invasit admotis hostiliter
ad urbem legionibus missisque qui sibi nomine exercitus
deposcerent; cum quidem cunctante senatu Cornelius cen-
turio, princeps legationis, reiecto sagulo ostendens gladii
capulum non dubitasset in curia dicere: »hic faciet, si vos
non feceritis«.

Appian, b. c. IV 2, 7.

8. Ἐσῆεσαν δ' οἱ τρεῖς τρισὶν ἡμέραις, ἀνὰ μέρος ἕκαστος
αὐτῶν, ὁ Καῖσάρ τε καὶ ὁ Ἀντώνιος καὶ ὁ Λέπιδος, σὺν
ταῖς στρατηγίσι τάξεσι καὶ ὁπλιτῶν ἕκαστος ἑνὶ τέλει.
ὡς δὲ ἐσῆλθον, αὐτίκα μὲν ἡ πόλις ἦν πλήρης ὅπλων τε καὶ
σημείων διατεταγμένων ἐς τὰ ἐπίκαιρα, αὐτίκα δὲ ἐν
μέσῳ τούτων ἤγετο ἐκκλησία, καὶ δήμαρχος Πούπλιος

Verwandten und seine Freunde. Dahinter erstreckt sich ein weiter Park mit wundervollen Spazierwegen.

4. Dieses Bauwerk hatte er zwischen der Via Flaminia und dem Tiberufer in seinem sechsten Konsulat (28 v. Chr.) errichtet und die rundherum angelegten Haine und Promenaden schon damals für die Benützung durch das Volk öffentlich zugänglich gemacht.

5. Segulius Labeo erzählt mir, er sei bei Caesar[1] gewesen und habe viel über Dich gesprochen. Caesar selbst habe sich freilich nicht über Dich beklagt, lediglich über den von Dir umlaufenden Ausspruch, daß Du nämlich gesagt habest, der junge Mann müsse »gelobt, mit Ehren überhäuft, erhoben« werden[2]; er werde schon dafür zu sorgen wissen, daß er nicht »überhoben« werden könne.

[1] Gemeint ist natürlich Octavian.

[2] Im Lateinischen ein Wortspiel, das die doppelte Bedeutung von *tollere*, »erheben« und »beiseite schaffen, entfernen« zur Grundlage hat.

6. Als in diesem Krieg Hirtius noch auf dem Schlachtfeld, Pansa wenig später an seiner Verwundung gestorben war, entstand das Gerede, daß beide durch seine (des Octavian) Machenschaften umgekommen wären, damit er allein sich der siegreichen Heere bemächtigen könnte, da ja Antonius auf der Flucht, der Staat der Konsuln beraubt war. Der Tod des Pansa war nun freilich so sehr verdächtig, daß der Arzt Glyco in Ketten gelegt wurde, als hätte er Gift der Wunde beigefügt. Zusätzlich behauptet Aquilius Niger[1], daß der zweite Konsul, Hirtius, im Getümmel der Schlacht von Octavian selbst umgebracht worden wäre.

[1] Gewährsmann des Sueton zu dieser Stelle, sonst unbekannt.

7. Den Konsulat verschaffte er sich in seinem zwanzigsten Lebensjahr, indem er die Legionen in feindlicher Absicht an die Stadt heranführte und eine Delegation abschickte, die seine Wahl im Namen des Heeres fordern sollte. Als der Senat zögerte, schlug der Anführer dieser Gesandtschaft, der Zenturio Cornelius, den Umhang zurück, wies auf den Griff seines Schwertes und scheute sich nicht im Sitzungssaal zu sagen: »Das da wird es schon fertigbringen, wenn ihr es nicht tut.«

8. Die drei zogen an drei aufeinanderfolgenden Tagen in einer ihrem Rang entsprechenden Reihenfolge ein, Caesar[1], Antonius und Lepidus, jeder mit seinen Gardesoldaten und einer Legion. Als sie angekommen waren, erfüllte sich die Stadt sofort mit Waffen und Feldzeichen, die an den wichtigsten Punkten verteilt waren. Sofort wurde auch inmitten von all dem eine Volksversammlung abgehalten, und der

Τίτιος ἐνομοθέτει καινὴν ἀρχὴν ἐπὶ καταστάσει τῶν
παρόντων ἐς πενταετὲς εἶναι τριῶν ἀνδρῶν, Λεπίδου τε
καὶ ᾿Αντωνίου καὶ Καίσαρος, ἴσον ἰσχύουσαν ὑπάτοις, ...

A. Degrassi, Inscr. Ital. XIII/1 p. 273 ff.
Fasti Colotiani zum Jahr 43 v. Chr.
9. [M. A]emilius M. Antonius Imp. Caesar IIIvir(i) r(ei) p(u-
blicae) c(onstituendae) ex a(nte) d(iem) V K(alendas) De-
c(embres) ad pr(idie) K(alendas) Ian(uarias) sext(as).

Velleius Paterculus II 69,5.
10. At lege Pedia, quam consul Pedius collega Caesaris tulerat,
omnibus, qui Caesarem patrem interfecerant, aqua ignique
damnatis interdictum erat.

Sueton, Aug. 9.
11. Bella civilia quinque gessit: Mutinense, Philippense, Peru-
sinum, Siculum, Actiacum; e quibus primum ac novissimum
adversus M. Antonium, secundum adversus Brutum et Cas-
sium, tertium adversus L. Antonium triumviri fratrem, quar-
tum adversus Sextum Pompeium Cn. f.

Sueton, Aug. 15.
12. Perusia capta in plurimos animadvertit, orare veniam vel
excusare se conantibus una voce occurrens moriendum esse.
scribunt quidam trecentos ex dediticiis electos utriusque
ordinis ad aram divo Iulio extructam Idibus Martiis hostia-
rum more mactatos.

A. Degrassi, Inscr. Ital. XIII/1 p. 86f. und 568.
Fasti triumphales Capitolini zum Jahr 40 v. Chr.
13. Imp. Caesar Divi f. C. f. IIIvir r(ei) p(ublicae) c(onstituendae) ov[ans an(no) DCCXIII] quod pacem cum M. Antonio
fecit [...

Tribun Publius Titius brachte einen Gesetzesantrag ein be-
treffend eines neuen Amtes zur Ordnung des gegenwärtigen
Zustandes. Es sollte für fünf Jahre von drei Männern bekleidet werden, nämlich Lepidus, Antonius und Caesar, mit
den gleichen Machtbefugnissen wie die Konsuln ...

[1] Octavian ist als amtierender Konsul der Ranghöchste.

9. M. Aemilius (Lepidus), M. Antonius[1], Imperator Caesar;
   Dreimännerkollegium zur Neuordnung des Staates, vom
   27. November bis zum sechsten[2] 31. Dezember.

   Die Fasti Colotiani sind das Bruchstück einer römischen Beamtenliste.

   [1] Der Name des Antonius wurde ausgemeißelt, aber später wieder nachge-
   tragen.

   [2] Diese Eintragung stammt aus dem Jahr 43 v. Chr.; der 31. Dezember
   wiederholte sich zum sechsten Mal am Jahresende 38 v. Chr., also fünf
   Jahre später.

10. Durch die *lex Pedia* aber, ein Gesetz, das der Konsul Pedius,
    der Kollege Caesars, eingebracht hatte, wurden alle, die an
    der Ermordung des Vaters Caesar teilgenommen hatten,
    unter Entzug von Feuer und Wasser[1] zur Verbannung ver-
    urteilt.

    [1] *Aqua et igni interdicere* ist die alte Formel, mit der die Verbannung ausge-
    sprochen wird.

11. In Bürgerkriegen kämpfte er fünfmal: vor Mutina, zu Phi-
    lippi, bei Perusia, in Sizilien und bei Actium. Von diesen
    führte er den ersten und letzten gegen M. Anton, den zwei-
    ten gegen Brutus und Cassius, den dritten gegen L. Antonius,
    den Bruder des Triumvirn, und den vierten gegen Sextus
    Pompeius, den Sohn des Gnaeus.

12. Nach der Einnahme von Perusia ließ er an sehr vielen die
    Todesstrafe vollziehen und warf denen, die um Gnade zu
    bitten oder sich zu rechtfertigen suchten, nur das eine
    Wort hin, daß sie sterben müßten. Es wird auch berichtet,
    daß dreihundert Männer aus den oberen Ständen[1], die sich
    auf Gnade oder Ungnade ergeben hatten, an einem dem
    Gott Iulius errichteten Altar zu den Iden des März nach Art
    von Schlachtopfern hingemetzelt worden wären.

    [1] Senatoren und Ritter.

13. Imperator Caesar, Sohn des göttlichen (Caesar), Sohn des
    Gaius[1], Triumvir zur Neuordnung des Staates, hielt eine
    Ovatio ab im Jahr 713 (nach der Gründung der Stadt), weil
    er Frieden mit M. Antonius geschlossen hat ...

    [1] Die Buchstaben *C.f.* stehen wie in der folgenden Inschrift an einer nach-
    träglich ausgemeißelten Stelle. Richtig sollte es hier wohl *C(ai) n(epos)*
    heißen.

14. Imp. Caesar Divi f. C. f. II, IIIvir r(ei) p(ublicae) c(onstituendae) II a(nno) DCCXVII ovans ex Sicilia Idibus Novembr(ibus).

Cassius Dio, LI 21, 5–8.

15. Ἑώρτασε δὲ τῇ μὲν πρώτῃ ἡμέρᾳ τά τε τῶν Παννονίων καὶ τὰ τῶν Δελματῶν, τῆς τε Ἰαπυδίας καὶ τῶν προσχώρων σφίσι, Κελτῶν τε καὶ Γαλατῶν τινων. Γάιος γὰρ Καρρίνας τούς τε Μωρίνους καὶ ἄλλους τινὰς συνεπαναστάντας αὐτοῖς ἐχειρώσατο, καὶ τοὺς Σουήβους τὸν Ῥῆνον ἐπὶ πολέμῳ διαβάντας ἀπεώσατο.... ἤγαγε δὲ καὶ ὁ Καῖσαρ, ἐπειδὴ ἡ ἀναφορὰ τῆς νίκης τῇ αὐτοκράτορι αὐτοῦ ἀρχῇ προσήκουσα ἦν. ἐν μὲν οὖν τῇ πρώτῃ ἡμέρᾳ ταῦτα διεωρτάσθη, ἐν δὲ τῇ δευτέρᾳ ἡ πρὸς τῷ Ἀκτίῳ ναυκρατία, κἀν τῇ τρίτῃ ἡ τῆς Αἰγύπτου καταστροφή. ἐπιφανεῖς μὲν δὴ καὶ αἱ ἄλλαι πομπαὶ διὰ τὰ ἀπ' αὐτῆς λάφυρα ἐγένοντο – τοσαῦτα γὰρ ἠθροίσθη ὥστε πάσαις ἐπαρκέσαι – πολυτελεστάτη δ' οὖν καὶ ἀξιοπρεπεστάτη αὕτη ἡ Αἰγυπτία. τά τε γὰρ ἄλλα καὶ ἡ Κλεοπάτρα ἐπὶ κλίνης ἐν τῷ τοῦ θανάτου μιμήματι παρεκομίσθη, ὥστε τρόπον τινὰ καὶ ἐκείνην μετά τε τῶν ἄλλων αἰχμαλώτων καὶ μετὰ τοῦ Ἀλεξάνδρου τοῦ καὶ Ἡλίου, τῆς τε Κλεοπάτρας τῆς καὶ Σελήνης, τῶν τέκνων, ὡς πομπεῖον ὀφθῆναι.

Vergil, Aeneis VIII 714 f.

16. At Caesar triplici invectus Romana triumpho
moenia ...

Tacitus, ann. I 9,2.

Aus dem Gerede der Menschen nach dem Tod des Augustus.

17. Numerus etiam consulatuum celebrabatur, quo Valerium Corvum et C. Marium simul aequaverat, continuata per septem et triginta annos tribunicia potestas, nomen imperatoris semel atque vicies partum aliaque honorum multiplicata aut nova.

Sueton, Aug. 52.

18. Dictaturam magna vi offerente populo genu nixus deiecta ab umeris toga nudo pectore deprecatus est.

14. Imperator Caesar, Sohn des göttlichen, Sohn des Gaius, Triumvir zur Neuordnung des Staates zum zweiten Mal, hielt seine zweite Ovatio ab im Jahr 717 über Sizilien, am 13. November.

Die Fasti triumphales Capitolini sind ein in augusteischer Zeit entstandenes Verzeichnis sämtlicher Triumphe seit der Gründung der Stadt.

15. Er feierte also am ersten Tag seinen Triumph über die Pannonier und Dalmater, über die Iapyden und ihre Nachbarn und über einige keltische und germanische Völkerschaften. Denn Gaius Carrinas hatte die Moriner und andere Stammesgruppen, die einen Aufstand gemacht hatten, unterworfen, und auch die Sueben zurückgeschlagen, die in kriegerischer Absicht über den Rhein herübergekommen waren. Der Kaiser triumphierte auch aus diesem Anlaß, denn das Anrecht darauf stand rechtmäßig nur ihm in seiner Stellung als oberstem Befehlshaber zu. Dessen wurde nun am ersten Tag gedacht. Am zweiten feierte er den Seesieg bei Actium, und am dritten Tag die Unterwerfung Ägyptens. Zwar waren alle diese Aufzüge durchaus sehenswert geworden durch die Beute aus dem letzteren Feldzug – so viel war nämlich dort gewonnen worden, daß es für alle Triumphzüge reichte –, der über Ägypten übertraf jedoch alle anderen bei weitem an kostspieligem Aufwand und Pracht. Unter anderem wurde auch ein Bild der Kleopatra auf ihrem Ruhebett mitgeführt, wie sie sich den Tod gegeben hatte, so daß sie auf diese Weise selbst, zusammen mit den anderen Gefangenen und mit Alexander Helios und Kleopatra Selene, ihren Kindern, wie ein Schaustück betrachtet werden konnte.

16. Der Kaiser aber, in dreifachem Triumph betritt er die Mauern Roms ...

17. Auch die Zahl seiner Konsulate wurde hervorgehoben, mit welchen er die gleiche Anzahl wie Valerius Corvus[1] und C. Marius[2] zusammen erreicht hatte; man rühmte, daß er die *tribunicia potestas* siebenunddreißig Jahre hindurch ununterbrochen innegehabt hatte, ihm die Ausrufung zum Imperator einundzwanzigmal zuteil geworden war, und was es sonst noch an vielfältigen oder neuartigen Ehrungen gab.

[1] Teilweise legendäre Gestalt aus der Zeit der Kämpfe Roms um die Vorherrschaft in Italien; er soll zwischen 348 und 299 v. Chr. sechsmal den Konsulat bekleidet haben.

[2] Marius war 107, dann von 104 bis 100 jedes Jahr, und schließlich 86 v. Chr., also insgesamt siebenmal Konsul.

18. Als das Volk ihm mit Gewalt die Diktatur aufdrängen wollte, fiel er auf seine Knie nieder, warf die Toga von seinen Schultern und bat mit entblößter Brust, davon abzulassen.

Tacitus, ann. XI 25, 2.

19. Isdem diebus in numerum patriciorum adscivit Caesar vetustissimum quemque e senatu aut quibus clari parentes fuerant, paucis iam reliquis familiarum, quas Romulus maiorum et L. Brutus minorum gentium appellaverant, exhaustis etiam quas dictator Caesar lege Cassia et princeps Augustus lege S(a)enia sublegere.

Sueton, Aug. 35,1–2.

20. Senatorum affluentem numerum deformi et incondita turba – erant enim super mille, et quidam indignissimi et post necem Caesaris per gratiam et praemium adlecti, quos orcinos vulgus vocabat – ad modum pristinum et splendorem redegit duabus lectionibus: prima ipsorum arbitratu, quo vir virum legit, secunda suo et Agrippae; quo tempore existimatur lorica sub veste munitus ferroque cinctus praesedisse decem valentissimis senatorii ordinis amicis sellam suam circumstantibus. Cordus Cremutius scribit ne admissum quidem tunc quemquam senatorum nisi solum et praetemptato sinu.

CIL IX 422 = H. Dessau, ILS 6123
Fasti Venusini zum Jahr 28 v. Chr.

21. Imp. Caesar VI M. Agrippa II (consules) idem censoria potestate lustrum fecer(unt).

Sueton, Aug. 34,1.

22. Leges retractavit et quasdam ex integro sanxit, ut sumptuariam et de adulteriis et de pudicitia, de ambitu, de maritandis ordinibus. hanc cum aliquanto severius quam ceteras emendasset, prae tumultu recusantium perferre non potuit nisi

19. In diesen Tagen nahm der Kaiser[1] die Ehrwürdigsten im Senat oder diejenigen, die über berühmte Vorfahren verfügten, unter die Patrizier auf, da nur mehr sehr wenige der alten Familien übrig waren, die Romulus als »ältere« und L. Brutus als »jüngere« Geschlechter bezeichnet hatte, und weil auch diejenigen wieder untergegangen waren, die der Diktator Caesar auf Grund der *lex Cassia* und der Kaiser Augustus auf Grund der *lex Saenia* zusätzlich auserlesen hatten.

[1] Claudius; dieser Satz bezieht sich auf das Jahr 48 n. Chr.

20. Den Senat, der durch die übergroße Zahl seiner Mitglieder zu einer unförmigen und unübersichtlichen Masse geworden war – es waren nämlich über tausend, und manche von ihnen recht unwürdig und nach dem Tod Caesars durch Protektion oder Bestechung aufgenommen worden, die man allgemein »Unterweltler« nannte[1] –, diesen Senat also reduzierte er durch zwei Ausleseverfahren auf seine alte Mitgliederzahl und verschaffte ihm wieder sein altes Ansehen. Zunächst geschah dies nach eigenem Ermessen der Senatoren, indem sie sich gegenseitig, Mann für Mann, auswählten; die zweite Überprüfung nahmen er selbst und Agrippa vor. Damals soll er, wie man erzählt, mit einem Panzer unter dem Gewand und mit umgürtetem Schwert den Vorsitz geführt haben, wobei zehn kräftige und ihm freundlich gesinnte Senatoren seinen Sitz umstanden. Cremutius Cordus[2] schreibt, daß während dieser Zeit Senatoren nur einzeln bei ihm vorgelassen wurden und sich vorher einer Leibesvisitation unterziehen mußten.

[1] Der Ausdruck bezieht sich eigentlich auf Sklaven, deren Freilassung erst testamentarisch, also aus dem Orkus, der Unterwelt, heraus vorgenommen wurde; viele dieser Senatoren verdankten ihren Rang angeblichen Bestimmungen im Testament Caesars. Das Wort ist allerdings nicht ganz sicher überliefert, daher auch die Interpretation vielleicht fraglich.

[2] Senator, Zeitgenosse des Augustus. Sein Geschichtswerk über die Bürgerkriege hatte eine entschieden gegen den Prinzipat gerichtete Tendenz.

21. Imperator Caesar, Konsul zum sechsten Mal, und M. Agrippa, Konsul zum zweiten Mal, beide zugleich mit zensorischen Befugnissen, hielten eine Volkszählung ab.

Die Fasti Venusini, eine Beamtenliste der autonomen Stadt Venusia in Apulien, enthalten auch sonstige für die Stadt bedeutungsvolle Angaben.

22. Gesetze revidierte er und erließ auch eine Anzahl neuer, so gegen übertriebenen Aufwand, gegen Ehebruch und Verletzungen des Anstands, gegen Amtserschleichung und über Ehevorschriften für die oberen Stände. Da er dieses beträchtlich strenger als die übrigen konzipiert hatte,

adempta demum lenitave parte poenarum et vacatione trienni data auctisque praemiis.

CIL I² p. 245.
Fasti Amiternini zum 12. Oktober (Festtag der Augustalia).
23. Lud(i) in circ(o); fer(iae) [e]x s(enatus) c(onsulto) q(uod) e(o) d(ie) Imp(erator) Caes(ar) Aug(ustus) ex transmarin(is) provinc(iis) urbem intravit araq(ue) Fort(unae) Reduci constit(uta est).

CIL I² p. 229 = H.Dessau, ILS 108.
Feriale Cumanum zum 15. Dezember.
24. (Ante diem) XVIII K(alendas) Ianuar(ias); eo die a[r]a Fortunae Reducis dedicatast quae Caesare[m Aug(ustum) ex transmari]nis provinci(i)s red[uxit], supplicatio Fortunae Reduci.
RIC 274, vgl. Taf. II 30.
Gold- bzw. Silbermünze des Augustus.
25. Auf der Rückseite ein Altar mit Inschrift:
FORTVN·REDV·CAESARI·AVG·S·P·Q·R
CIL I² p. 244.
Fasti Amiternini zum 4. Juli.
26. Fer(iae) ex s(enatus) c(onsulto) q(uod) e(o) d(ie) ara Pacis Aug(ustae) in camp(o) Mar(tio) constituta est Nerone et Varo co(n)s(ulibus).
CIL I² p. 232.
Fasti Praenestini zum 30. Jänner.
27. Feriae ex s(enatus) c(onsulto) quo[d eo] die ara Pacis Augusta[e in campo] Martio dedicata [est] Druso et Crispino c[os].

Procopius, bell. Goth. I 25, 19–23.
28. Ὁ δὲ Ἴανος ... ἔχει δὲ τὸν νεὼν ἐν τῇ ἀγορᾷ πρὸ τοῦ βουλευτηρίου ... ὅ τε νεὼς ἅπας χαλκοῦς ἐν τῷ τετραγώνῳ σχήματι ἕστηκε, τοσοῦτος μέντοι, ὅσον τὸ ἄγαλμα τοῦ Ἰάνου σκέπειν. ἔστι δὲ χαλκοῦν οὐχ ἧσσον ἢ πηχῶν πέντε τὸ ἄγαλμα τοῦτο, τὰ μὲν ἄλλα πάντα ἐμφερὲς ἀνθρώπῳ, διπρόσοπον δὲ τὴν κεφαλὴν ἔχον, καὶ τοῖν προσώποιν θάτερον μὲν πρὸς ἀνίσχοντα, τὸ δὲ ἕτερον πρὸς δύοντα ἥλιον τέτραπται. θύραι τε χαλκαῖ ἐφ᾽ἑκατέρῳ προσώπῳ εἰσίν, ἃς δὴ ἐν μὲν εἰρήνῃ καὶ ἀγαθοῖς πράγμασιν ἐπιτίθεσθαι τὸ παλαιὸν Ῥωμαῖοι ἐνόμιζον, πολέμου δὲ σφίσιν ὄντος ἀνέῳγον. ἐπεὶ δὲ τὸ Χριστιανῶν

konnte er es wegen des dagegen sich erhebenden Entrü-
stungssturmes nicht durchbringen, bis schließlich die Bestimmungen über Strafsanktionen aufgehoben oder doch
gemildert, eine Übergangsfrist von drei Jahren gewährt und
erhöhte Vorteile in Aussicht gestellt worden waren.

23. Spiele im Zirkus; Feiertag auf Senatsbeschluß, weil an diesem Tag der Imperator Caesar Augustus aus den übersee-
ischen Provinzen in die Stadt zurückkehrte und der Altar
der Fortuna Redux gestiftet wurde.

Die nach ihrem Fundort Amiternum so bezeichneten Fasten sind ein
Kalender mit wichtigen Eintragungen zu den einzelnen Tagen.

24. 15. Dezember. An diesem Tag wurde der Altar der Fortuna
Redux geweiht, die den Kaiser Augustus aus den übersee-
ischen Provinzen zurückgeführt hat; Dankgottesdienst für
die Fortuna Redux.

Das Feriale Cumanum ist ein in Cumae gefundenes Verzeichnis der römischen Feiertage.

26. Feiertag auf Senatsbeschluß, weil an diesem Tag der Altar
der Pax Augusta auf dem Marsfeld gestiftet worden ist,
unter den Konsuln Nero und Varus (13 v. Chr.).

27. Feiertag auf Senatsbeschluß, weil an diesem Tag der Altar
der Pax Augusta auf dem Marsfeld geweiht worden ist, im
Konsulatsjahr des Drusus und Crispinus (9 v. Chr.).

Die Fasti Praenestini, aus Praeneste in Latium, sind wie die Fasti Amiternini ein Tageskalender mit vereinzelten Notizen.

28. Dieser Ianus hat sein Heiligtum auf dem Forum vor dem
Rathaus. Der Tempel ist ganz aus Bronze, in Form eines
Vierecks erbaut, und so hoch, daß er das Standbild des Ianus
überdeckt. Diese Bronzestatue ist nicht weniger als fünf
Ellen hoch und sieht ansonsten völlig einem Menschen
gleich, besitzt aber einen Kopf mit zwei Gesichtern, von
denen das eine zur aufgehenden, das andere zur untergehen-
den Sonne schaut. Jedem dieser beiden Gesichter zugekehrt
ist eine bronzene Türe, welche die Römer im Frieden und
bei sonstigen guten Verhältnissen in alten Zeiten geschlossen
zu halten pflegten, im Krieg jedoch öffneten. Seit sie sich
aber zur Lehre der Christen bekennen, eifriger vielleicht als

δόγμα, εἴπερ τινὲς ἄλλοι, Ῥωμαῖοι ἐτίμησαν, ταύτας δὴ τὰς θύρας οὐκέτι οὐδὲ μολεμοῦντες ἀνέκλινον.

Livius, I 19,2-3.
29. Ianum (Numa Popilius) ... indicem pacis bellique fecit, apertus ut in armis esse civitatem, clausus pacatos circa omnes populos significaret. bis deinde post Numae regnum clausus fuit, semel T. Manlio consule post Punicum primum perfectum bellum, iterum, quod nostrae aetati dii dederunt ut videremus, post bellum Actiacum ab Imperatore Caesare Augusto pace terra marique parta.

Sueton, Tib. 23.
30. Testamenti initium fuit: quoniam atrox fortuna Gaium et Lucium filios mihi eripuit, Tiberius Caesar mihi ... heres esto. quo et ipso aucta suspicio est opinantium successorem ascitum eum necessitate magis quam iudicio, quando ita praefari non abstinuerit.

CIL XI 1421 = H. Dessau, ILS 140.
Aus dem Gemeinderatsbeschluß von Pisa für C. Caesar.
31. Cum ... allatus esset nuntius C. Caesarem, Augusti patris patriae [po]ntif(icis) maxsumi custodis imperi Romani totiusque orbis terrarum praesi[dis f]ilium ... post consulatum ... crudelibus fatis ereptum populo Romano iam designatu[m i]ustissimum ac simillumum parentis sui virtutibus principem ..., eaque res nondum quieto luctu, quem ex decessu [L. C]aesaris fratris eius ... colonia universa susceperat, renovasset multiplicassetque ma[er]orem omnium singulorum universorumque, ob eas res universi decurio[ne]s colonique ... inter sese consenserunt, pro ma[g]nitudine tantae et tam inprovisae calamitatis oportere ex ea die, qu[a ei]us deces-(s)us nuntiatus esset usqu[e] ad eam diem, qua ossa relata atque co[nd]ita iustaque eius Manibus perfecta essent, cunctos veste mutata, templisqu[e d]eorum immortalium balneisque publicis et tabernis omnibus clausis, co[nv]ictibus sese apstinere ...

108

andere, wurden diese Türen nicht, auch nicht mehr im Krieg, geöffnet.

Prokop beschreibt im 6.Jh. n.Chr. den Krieg des Oströmischen Reiches unter den Feldherrn Belisar und Narses gegen das von Theoderich begründete Gotenreich in Italien.

29. Den Ianustempel machte (König Numa Popilius) zu einem Merkmal für Krieg und Frieden, indem dieser geöffnet erkennen lassen sollte, daß die Bürgerschaft in Waffen stehe, geschlossen aber, daß alle Völker im Umkreis sich friedlich verhielten. Zweimal wurde er dann seit der Herrschaft des Numa geschlossen; einmal durch den Konsul T.Manlius nach Abschluß des ersten Punischen Krieges, das zweite Mal, was, wie wir es erleben durften, die Götter unserem Zeitalter gewährt haben, nach dem Krieg bei Actium durch den Imperator Caesar Augustus, als der Friede zu Wasser und zu Lande hergestellt war.

30. Der Anfang des Testamentes lautete: »Da ein grausames Geschick mir meine Söhne Gaius und Lucius entrissen hat, soll Tiberius Caesar ... mein Erbe sein«. Gerade durch diese Formulierung erhielt aber der Verdacht derjenigen neue Nahrung, die vermuteten, er habe den Tiberius mehr aus Notwendigkeit als aus freiem Willen zu seinem Nachfolger ausersehen, da er sich nicht enthalten konnte, diese Worte dem Testament vorauszuschicken.

31. Als die Botschaft gebracht worden war, daß Gaius Caesar, des Augustus, des Vaters des Vaterlandes, obersten Priesters und Hüters des römischen Reiches sowie Hauptes des gesamten Erdkreises Sohn, nach seinem Konsulat durch grausame Schicksalsschläge dem römischen Volk entrissen wurde, er, der bereits zum gerechtesten und an Tüchtigkeit seinem Vater so überaus ähnlichen Herrscher vorausbestimmt war, und dieser Umstand die Trauer aller im einzelnen und in der Gesamtheit erneuert und vervielfacht hat, zumal auch der Schmerz noch nicht gestillt war, welcher seit dem Tod des L.Caesar, seines Bruders, die gesamte Stadt ergriffen hatte, deswegen also kamen die Gemeinderäte und die Bürger geschlossen überein, daß wegen der Größe dieses bedeutenden und so unvorhergesehenen Unglücks von dem Tag an, an dem sein Hinscheiden gemeldet wurde, bis zu dem Tag, an welchem seine sterblichen Überreste heimgekehrt und bestattet wären und alles seinem Andenken geziemend geregelt sei, alle Trauergewänder anlegen sollten, die Tempel der Götter, die öffentlichen Bäder und sämtliche

Sueton, Aug. 26,2.
32. Multisque mox, cum deferrentur, recusatis duodecimum
magno ... intervallo et rursus tertium decimum biennio post
ultro petit, ut C. et Lucium filios amplissimo praeditus
magistratu suo quemque tirocinio deduceret in forum.

RIC 350 Taf. III 47.
Gold- oder Silbermünze des Augustus.
33. Av.: CAESAR·AVGVSTVS·DIVI·F·PATER·PATRIAE·
Rv.: C·L·CAESARES AVGVSTI·F·COS·DESIG·PRINC·
IVVENT·
Plutarch, Antonius 16,2–3.
34. Οὗτος εὐθὺς Ἀντώνιον ὡς δὴ πατρῷον φίλον ἀσπασά-
μενος, τῶν παρακαταθηκῶν ἐμέμνητο· καὶ γὰρ ὤφειλε
Ῥωμαίων ἑκάστῳ δραχμὰς ἑβδομήκοντα πέντε δοῦναι,
Καίσαρος ἐν ταῖς διαθήκαις γράψαντος. Ἀντώνιος δὲ τὸ
μὲν πρῶτον ὡς μειρακίου καταφρονῶν, ἔλεγεν οὐχ
ὑγιαίνειν αὐτὸν ἀλλὰ καὶ φρενῶν ἀγαθῶν καὶ φίλων
ἔρημον ὄντα φορτίον ἀβάστακτον αἴρεσθαι τὴν Καίσαρος
διαδοχήν.

Cassius Dio, LV 25,1–2.
35. Μετὰ δὲ ταῦτα ἐπί τε Αἰμιλίου Λεπίδου καὶ ἐπὶ Λουκίου
Ἀρρουντίου ὑπάτων, ἐπειδὴ μηδεὶς πόρος ἀρέσκων τισὶν
εὑρίσκετο..., ἐσήνεγκεν ὁ Αὔγουστος χρήματα καὶ ὑπὲρ
ἑαυτοῦ καὶ ὑπὲρ τοῦ Τιβερίου ἐς τὸ ταμιεῖον, ὃ καὶ
στρατιωτικὸν ἐπωνόμασε, καὶ τρισὶ τῶν ἐστρατηγηκότων
τοῖς λαχοῦσιν ἐπὶ τρία ἔτη διοικεῖν προσέταξε...

Tacitus, ann. I 78,2.
36. Centesimam rerum venalium post bella civilia institutam
deprecante populo edixit Tiberius militare aerarium eo sub-
sidio niti.

Läden geschlossen bleiben, und man sich geselliger Veranstaltungen überhaupt enthalten sollte ...

Es folgen noch eine Reihe von Ehrenbeschlüssen, darunter auch die Errichtung eines Bogens an einem belebten Platz der Stadt sowie die Aufstellung von Reiterstandbildern des C. und L. Caesar im Triumphatoren-
gewand.

32. Nachdem er viele Konsulate, die ihm angetragen worden
waren, abgelehnt hatte, bewarb er sich nach langer Zeit um
seinen zwölften und dann um den dreizehnten Konsulat drei
Jahre später aus eigenem, um C. und L. Caesar, seine Söhne,
mit dem höchsten Amt ausgestattet bei ihrem ersten öffentlichen Auftreten[1] aufs Forum geleiten zu können.

[1] *Tirocinium* stammt aus der Militärsprache und bedeutet das erste Aufrufen
der neuen Rekruten; hier die Volljährigkeitserklärung.

34. (Octavian) machte sogleich dem Antonius als einem Freund
seines Vaters seine Aufwartung und erinnerte ihn dabei an
die von ihm in Verwahrung genommenen Gelder, denn er
hatte jedem Römer fünfundsiebzig Drachmen[1] zu zahlen,
wie er Caesar in seinem Testament vorgeschrieben hatte.
Antonius, der ihn zunächst als ganz junges Bürschlein ver-
achtete, erklärte, er sei nicht recht gescheit oder von allen
guten Geistern und wohlmeinenden Freunden verlassen, daß
er die Erbschaft Caesars, eine so unerträgliche Bürde, auf
sich nehmen wolle.

[1] Diese Summe entspricht genau den 300 HS bei Augustus bzw. den 75
Denaren der griechischen Übersetzung; das Verhältnis von Drachme zu
Denar ist 1:1.

35. Als aber später, unter den Konsuln Aemilius Lepidus und
Lucius Arruntius (6 n. Chr.) keine ausreichenden Einkünfte
gefunden werden konnten, stattete Augustus selbst in seinem
eigenen Namen und in dem des Tiberius diese Kasse, die er
den Militärfonds nannte, mit Geldmitteln aus und bestellte
drei gewesene Prätoren, die durch das Los bestimmt werden
sollten, für jeweils drei Jahre als deren Verwalter.

36. Als das Volk um die Abschaffung der nach den Bürgerkriegen eingeführten einprozentigen Warenumsatzsteuer bat,
antwortete Tiberius in einem Edikt, daß der Militärfonds
auf diese Einkünfte angewiesen sei.

Sueton, Aug. 28,3–29,4.

37. Urbem neque pro maiestate imperii ornatam et inundatio-
nibus incendiisque obnoxiam excoluit adeo, ut iure sit gloria-
tus marmoream se relinquere quam latericiam accepisset.
... publica opera plurima extruxit, e quibus vel praecipua:
forum cum aede Martis Ultoris, templum Apollinis in Palatio, aedem Tonantis Iovis in Capitolio. fori extruendi causa
fuit hominum et iudiciorum multitudo, quae videbatur non
sufficientibus duobus etiam tertio indigere; itaque festina-
tius necdum perfecta Martis aede publicatum est ... aedem
Martis bello Philippensi pro ultione paterna suscepto vove-
rat; sanxit ergo, ut de bellis triumphisque hic consuleretur
senatus, provincias cum imperio petituri hinc deducerentur,
quique victores redissent, huc insignia triumphorum con-
ferrent. templum Apollinis in ea parte Palatinae domus
excitavit, quam fulmine ictam desiderari a deo haruspices pro-
nuntiarant; addidit porticus cum bibliotheca Latina Graecà-
que, quo loco iam senior saepe etiam senatum habuit de-
curiasque iudicum recognovit. Tonanti Iovi aedem conse-
cravit liberatus periculo, cum expeditione Cantabrica per
nocturnum iter lecticam eius fulgur praestrinxisset servum-
que praelucentem exanimasset. quaedam etiam opera sub
nomine alieno, nepotum scilicet et uxoris sororisque fecit ...
sed et ceteros principes viros saepe hortatus est, ut pro facul-
tate quisque monimentis vel novis vel refectis et excultis
urbem adornarent.

Properz, II 31,1–2, 9ff.

38. Quaeris, cur veniam tibi tardior? Aurea Phoebi
porticus a magno Caesare aperta fuit.
...

37. Die Stadt, deren äußeres Bild keineswegs ihrem Ansehen entsprach und die auch häufig Überschwemmungen und Brandkatastrophen ausgesetzt war, verschönerte er so sehr, daß er sich mit Recht rühmen konnte, er hinterlasse als eine Marmorstadt, die er aus Backsteinen übernommen habe. – An öffentlichen Bauten führte er sehr viele auf, unter denen vor allem zu nennen sind das Forum mit dem Tempel des Mars Ultor, der Tempel des Apollo auf dem Palatin und der Tempel des »donnernden« Iuppiter auf dem Kapitol. Zur Errichtung des Forums veranlaßte ihn die große Zahl von Menschen und Prozessen, für welche die beiden bisherigen [1] nicht ausreichten, so daß ein drittes erforderlich schien; es wurde auch übereilt und noch vor Fertigstellung des Marstempels der Öffentlichkeit übergeben. Den Tempel des Mars hatte er in dem aus Rache für seinen Vater unternommenen Krieg bei Philippi gelobt; nun ordnete er an, daß dort der Senat über Kriege und Triumphe befinden solle, daß von dort weg die bevollmächtigten Statthalter unter Geleit in ihre Provinzen auszögen und daß diejenigen, die als Sieger heimkehrten, dort die Abzeichen ihrer Triumphe niederlegten. Den Tempel des Apollo ließ er in dem Teil seines Besitzes auf dem Palatin entstehen, der vom Blitz getroffen und damit nach Aussage der Eingeweidebeschauer vom Gott selbst als erwünscht bezeichnet worden war. Er fügte eine Säulenhalle hinzu mit einer lateinischen und griechischen Bibliothek, wo er in höherem Alter häufig den Senat zu versammeln oder die einzelnen Richtergruppen zu überprüfen pflegte. Dem »donnernden« Iuppiter gelobte er das Heiligtum der Gefahr entronnen, als während des Feldzuges in Cantabrien auf einem nächtlichen Marsch ein Blitz vor seiner Sänfte einschlug und den vorausleuchtenden Sklaven tötete. Manche Bauwerke errichtete er auch unter dem Namen anderer, in dem seiner Enkel etwa oder seiner Gattin oder Schwester. Aber er ermunterte auch die übrigen bedeutenden Männer immer wieder, daß jeder entsprechend seinen Verhältnissen durch neue oder wiederhergestellte und verschönerte Bauten zum Schmuck der Stadt beitragen möge.

[1] Das alte Forum Romanum und das eben erst unter Augustus fertiggestellte Caesarforum.

38. Du frägst, warum ich so spät zu Dir komme? Die goldene Halle des Phoebus Apollo wurde durch den großen Caesar eröffnet: ...
In der Mitte sodann erhob sich aus weißem Marmor der

Tum medium claro surgebat marmore templum,
  et patria Phoebo carius Ortygia,
in quo Solis erat supra fastigia currus,
  et valvae, Libyci nobile dentis opus:
altera deiectos Parnasi vertice Gallos,
  altera maerebat funera Tantalidos.
Deinde inter matrem deus ipse interque sororem
  Phythius in longa carmina veste sonat.

Livius, XXIX 10,4–5.

39. Civitatem eo tempore recens religio invaserat invento car-
mine in libris Sibyllinis propter crebrius eo anno de caelo
lapidatum inspectis, quandoque hostis alienigena terrae Ita-
liae bellum intulisset, eum pelli Italia vincique posse, si Mater
Idaea a Pessinunte Romam advecta foret.

CIL VI 1244 = H. Dessau, ILS 98.
Inschrift auf einem Bogen der Aqua Marcia über der Via Tiburtina in
Rom.

40. Imp(erator) Caesar divi Iuli f(ilius) Augustus pontifex maximus co(n)s(ul) XII tribunic(ia) potestat(e) XIX imp(erator)
XIIII rivos aquarum omnium refecit.

Frontin, de aqu. 12,1.

41. Idem Augustus in supplementum Marciae, quotiens sicci-
tates egerent auxilio, aliam aquam eiusdem bonitatis opere
subterraneo perduxit usque ad Marciae rivum; quae ab
inventore adpellatur Augusta.

Ovid, fasti II 59–64.

42. Cetera ne simili caderent labefacta ruina,
  cavit sacrati provida cura ducis.

Tempel, dem Phoebus teurer als sein Vaterland selbst, die Insel Ortygia[1]; das Heiligtum trug auf dem hohen First den Wagen des Sonnengottes, und Türflügel, ein bedeutendes Werk aus dem Elfenbein Libyens: es zeigte die eine die vom Scheitel des Parnaß herabgestürzten Gallier, die andre das traurige Begräbnis der Tantalosenkel[2].

Schließlich war der pythische Gott (im Innern) selbst dargestellt, zwischen seiner Mutter und seiner Schwester, Lieder singend im langen Gewande.

[1] Anderer Name für Delos, die Geburtsstätte von Apollo und Artemis.
[2] Darstellungen aus den mit Apollo verbundenen Sagenstoffen: 278 v.Chr. hatten die Kelten auch Delphi zu plündern versucht, waren aber von den Umwohnern mit Hilfe des Apollo, wie man glaubte, vertrieben worden. Die zweite bezieht sich auf die Geschichte vom Hochmut der Tantalustochter Niobe, deren sieben Söhne und sieben Töchter von Apollo und Artemis durch Pfeilschüsse niedergestreckt wurden, da sie die Mutter der beiden, Leto, geschmäht hatte.

39. Der Gemeinde hatte sich zu dieser Zeit das Verlangen nach einem neuen Kult bemächtigt, als man in den sibyllinischen Büchern, die wegen des in diesem Jahre häufigen Meteorfalls eingesehen worden waren, den Spruch gefunden hatte, man könne, wenn ein fremdbürtiger Feind den Krieg in italisches Land hineinträge, diesen aus Italien vertreiben und besiegen, sofern die idäische Göttermutter von Pessinus nach Rom gebracht werde.

40. Der Imperator Caesar Augustus, Sohn des göttlichen Iulius, oberster Priester, Konsul zum zwölften Mal, im Besitz der *tribunicia potestas* zum neunzehnten Mal (1.Juli 5 v.Chr. bis 30.Juni 4 v.Chr.), Imperator zum vierzehnten Mal, hat sämtliche Wasserleitungen wiederherstellen lassen.

41. Ebenso ließ Augustus zur Ergänzung der Aqua Marcia, sooft eine Trockenheit diese Hilfe erforderlich machte, eine andere Quelle von der gleichen Qualität durch eine unterirdische, nach ihrem Erbauer die »augusteische« genannte Leitung bis zum Strang der Aqua Marcia führen.

Sex. Iulius Frontinus gehörte zu den bedeutendsten Männern der traianischen Zeit, war dreimal, darunter zweimal mit dem Kaiser selbst, Konsul gewesen und hatte 97 n.Chr. das Amt eines *curator Aquarum* bekleidet. Sein überaus wertvolles Büchlein über die Wasserleitungen Roms hat also einen Fachmann zum Autor.

42. Daß nicht auch die anderen in ähnlich schlechten Zustand geraten, darum kümmert sich die vorausschauende Sorge unseres geheiligten Herrschers.

sub quo delubris sentitur nulla senectus
    nec satis est homines, obligat ille deos.
templorum positor, templorum sancte repostor,
    sit superis, opto, mutua cura tui!

    Sueton, Aug. 30,1.
43. Quo autem facilius undique urbs adiretur, desumpta sibi
    Flaminia via Arimino tenus munienda reliquas triumphali-
    bus viris ex manubiali pecunia sternendas distribuit.

    CIL IX 365 = H. Dessau, ILS 84.
    Inschrift auf einem Bogen in Ariminum (Rimini).
44. Senatus populusq[ue Romanus Imp(eratori) Caesari divi
    f(ilio) Augusto imp(eratori) sept(imum)] co(n)s(uli) sept(i-
    mum) designat(o) octavom v[ia Flamin]ia [et reliquei]s
    celeberrimeis Italiae vieis consilio [et sumptib]us e[ius mu]-
    niteis.

    Ovid, fasti V 549–568 (gekürzt).
45. Fallor, an arma sonant? non fallimur, arma sonabant,
        Mars venit et veniens bellica signa dedit.
    Ultor ad ipse suos caelo descendit honores
        templaque in Augusto conspicienda foro:
    et deus est ingens et opus, debebat in urbe
        non aliter nati Mars habitare sui.
    perspicit armipotens operis fastigia summi
        et probat invictos summa tenere deos,
    perspicit in foribus diversae tela figurae
        armaque terrarum milite victa suo.
    hinc videt Aenean oneratum pondere caro
        et tot Iuleae nobilitatis avos,
    hinc videt Iliaden umeris ducis arma ferentem,
        claraque dispositis acta subesse viris;
    spectat et Augusto praetextum nomine templum
        et visum lecto Caesare maius opus.

Unter ihm fühlt kein Heiligtum sein Alter;
nicht genug damit, die Menschen zu gewinnen, er verpflichtet sich auch die Götter.
Du Erbauer der Tempel, Du ihr hehrer Erneuerer,
mögen die Himmlischen Dir, dies wünsche ich, mit gleicher
Sorge vergelten!

43. Damit aber die Stadt leichter von allen Seiten erreicht werden könnte, behielt er sich selbst den Ausbau der Via Flaminia bis Ariminum vor und wies die übrigen den Männern
zu, die einen Triumph gefeiert hatten; sie sollten diese
Straßen aus dem Beuteerlös pflastern lassen.

44. Senat und Volk von Rom (errichten diesen Bogen) dem
Imperator Caesar Augustus, dem Sohn des göttlichen (Caesar), der Imperator zum siebenten Mal ist, den Konsulat zum
siebenten Mal bekleidet und für den achten designiert ist
(27 v. Chr.); weil die Via Flaminia und die übrigen stark
benützten Straßen in Italien durch seinen Ratschluß und
seine Aufwendungen ausgebaut wurden.

45. Täusche ich mich, oder höre ich Waffengeklirr? Wir täuschen
uns nicht, Waffen ertönten; Mars erscheint und läßt im
Kommen kriegerische Klänge hören. Der Rächer selbst
steigt zu seinen Ehrungen vom Himmel hernieder, und um
den Tempel auf dem Augustusforum zu sehen. Es ist ein
gewaltiger Gott, und gewaltig das Bauwerk; in der Stadt
seiner Söhne sollte Mars auch nicht anders wohnen müssen.
Der Waffengewaltige überschaut den Giebel des hochragen-
den Baues und billigt, daß die unbesiegbaren Götter dort
oben dargestellt sind. An den Türpfosten sieht er Waffen
von verschiedenem Aussehen, und Rüstungen, die überall
auf der Erde durch seine Soldaten siegreich erbeutet wurden.
Hier erblickt er Aeneas, mit seiner teuren Last beladen, und
die vielen Ahnen des vornehmen iulischen Hauses[1], hier
den Sohn der Ilia[2], der auf den Schultern die Waffen des
besiegten feindlichen Führers trägt; und überall sind die
Ruhmestaten unter jedem der aufgestellten Standbilder aufgezeichnet. Er sieht auch, daß der Tempel den Namen des
Augustus trägt, und da er dies gelesen hat, scheint ihm das
Bauwerk noch bedeutender.

[1] Der Dichter läßt den Gott sich hier den Statuen der Ahnen des iulischen
Geschlechtes zuwenden; Aeneas, der seinen Vater Anchises auf den Schultern aus dem brennenden Troia trägt, zählt als Vater des Iulus ebenfalls
dazu.

[2] Romulus: Ilia ist hier ein anderer Name für Rhea Silvia. Er soll den
Führer der Caeninenser, Acro, erschlagen und damit als erster die *spolia
opima* davongetragen haben.

Sueton, Aug. 31,5.

46. Proximum a dis immortalibus honorem memoriae ducum
praestitit, qui imperium p. R. ex minimo maximum reddi-
dissent. itaque et opera cuiusque manentibus titulis restituit
et statuas omnium triumphali effigie in utraque fori sui por-
ticu dedicavit professus edicto commentum id se, ut ad
illorum velut exemplar et ipse, dum viveret, et insequentium
aetatium principes exigerentur a civibus.

47. Zosimus II 6.

'Αλλ' ὁπόταν μήκιστος ἴῃ χρόνος ἀνθρώποισι
ζωῆς, εἰς ἐτέων ἑκατὸν δέκα κύκλον ὁδεύων,
μεμνῆσθαι, 'Ρωμαῖε, καὶ εἰ μάλα λήσεαι αὐτός,
μεμνῆσθαι τάδε πάντα, θεοῖσι μὲν ἀθανάτοισι
5 ῥέζειν ἐν πεδίῳ παρὰ Θύβριδος ἄπλετον ὕδωρ,
ὅππῃ στεινότατον, νὺξ ἡνίκα γαῖαν ἐπέλθῃ
ἠελίου κρύψαντος ἑὸν φάος· ἔνθα σὺ ῥέζειν
ἱερὰ παντογόνοις Μοίραις ἄρνας τε καὶ αἴγας
κυανέας, ἐπὶ ταῖς δ' Εἰλειθυίας ἀρέσασθαι
10 παιδοτόκους θυέεσσιν, ὅπῃ θέμις· αὖθι δὲ Γαίῃ
πληθομένῃ χώροις ὗς ἱρεύοιτο μέλαινα.
πάνλευκοι ταῦροι δὲ Διὸς παρὰ βωμὸν ἀγέσθων
ἤματι, μηδ' ἐπὶ νυκτί· δεοῖσι γὰρ οὐρανίοισιν
ἡμέριος πέλεται θυέων τρόπος, ὡς δὲ καὶ αὐτός
15 ἱρεύειν. δαμάλης τε βοὸς δέμας ἀγλαὸν Ἥρης
δεξάσθω νηὸς παρὰ σεῦ. καὶ Φοῖβος 'Απόλλων,
ὅστε καὶ 'Ήλιος κικλήσκεται, ἴσα δεδέχθω
θύματα Λητοΐδης. καὶ ἀειδόμενοί τε Λατῖνοι
παιᾶνες κούροισι κόρῃσί τε νηὸν ἔχοιεν
20 ἀθανάτων. χωρὶς δὲ κόραι χορὸν αὐταὶ ἔχοιεν,
καὶ χωρὶς παίδων ἄρσην στάχυς, ἀλλὰ γονήων
πάντες ζωόντων, οἷς ἀμφιθαλὴς ἔτι φύτλη.
αἱ δὲ γάμου ζεύγλαις δεδμημέναι ἤματι κείνῳ
γνὺξ Ἥρης παρὰ βωμὸν ἀοίδιμον ἑδριόωσαι
25 δαίμονα λισσέσθωσαν. ἅπασι δὲ λύματα δοῦναι
ἀνδράσιν ἠδὲ γυναιξί, μάλιστα δὲ θηλυτέρῃσιν.
πάντες δ' ἐξ οἴκοιο φερέσθων ὅσσα κομίζειν
ἐστὶ θέμις θνητοῖσιν ἀπαρχομένοις βιότοιο
δαίμοσι μειλιχίοισιν ἱλάσματα καὶ μακάρεσσιν
30 Οὐρανίδαις. τὰ δὲ πάντα τεθησαυρισμένα κείσθω,
ὄφρα τε θηλυτέρῃσι καὶ ἀνδράσιν ἑδριόωσιν
ἔνθεν πορσύνῃς μεμνημένος. ἤμασι δ' ἔστω
νυξί τ' ἐπασσυτέρῃσι θεοπρέπτους κατὰ θώκους

46. Zunächst nach den unsterblichen Göttern pflegte er das
ehrende Andenken der Feldherrn, die das römische Reich
aus kleinen Anfängen zu solcher Größe gebracht hatten. So
stellte er ihre Bauwerke unter Beibehaltung der alten Auf-
schriften wieder her und widmete ihnen allen in den beiden
Säulenhallen seines Forums Statuen, die sie in der Tracht
von Triumphatoren darstellten. Er ließ dabei durch ein
Edikt wissen, es wäre seine Absicht, daß sowohl er selbst,
solange er lebe, als auch die Herrscher kommender Zeiten
von den Bürgern gleichsam nach ihrem Beispiel beurteilt
werden sollten.
47. Aber sooft den Menschen die lange Zeit eines Lebens
Wiederkehrt, sich erneuernd im Kreislauf von hundertzehn
[Jahren,
Dann, Römer, denke daran – mögst du dieses ja nicht
[vergessen –
Dann aber denk' an all das: den unsterblichen Göttern ein Opfer
Darzubringen am Feld bei den rauschenden Wassern des Tiber
Dort im beengenden Schlund[1], wenn die Nacht auf die Erde
[herabsinkt,
Helios seinen Schein verbirgt; dann bringe als Opfer
Blauschwarze Lämmer und Ziegen den alles bewirkenden
[Moiren.
Eben dieselbe Gabe erfreue, wie's recht ist, nun auch die
Kindergebärenden Eileithyien[2]. Es werde ein schwarzes,
Ferkeltragendes Schwein sodann geopfert der Gaia.
Fleckenlos weiße Stiere führ' zum Altare des Zeus, des
Tags allerdings, und nicht in der Nacht, denn den Göttern
[des Himmels
Ziemt das Tageslicht wohl als Umrahmung des Opfers, begehe
Deshalb so diese heilige Handlung. Die schimmernden Leiber
Weiblicher Rinder empfange von dir der Tempel der Hera.
Phoibos Apollon, den man auch als Sonnengott anruft,
[erhalte,
Er, der Sohn der Leto, das gleiche. Lateinische Hymnen
Mögen ertönen im Tempel der Götter, von Knaben und
[Mädchen
Gerne gesungen. Es tanzen die Mädchen nun ihren Reigen,
Ebenso auch die männlichen Sprößlinge unter den Kindern;
Doch müssen allen die Eltern noch leben, sie beide noch haben.
Die aber, die bereits dem Joche der Ehe sich beugten,
Mögen an jenem Tag beim berühmten Altare der Hera
Knieend die Gottheiten anflehn. Es werde den Männern und
[Frauen
Allen Entsühnung zuteil, vor allem aber den Frauen.

παμπληϑὴς ἄγυρις. σπουδῇ δὲ γέλωτι μεμίχϑω.
85 ταῦτά τοι ἐν φρεσὶν ᾖσιν ἀεὶ μεμνημένος εἶναι,
καί σοι πᾶσα χϑὼν 'Ιταλὴ καὶ πᾶσα Λατίνων
αἰὲν ὑπὸ σκήπτροισιν ἐπαυχένιον ζυγὸν ἕξει.

CIL VI 32323 = H.Dessau, ILS 5050, 147-149.
Ausschnitt aus dem auf Stein erhaltenen Festprotokoll der ludi saeculares 17 v.Chr.
47a. Sacrificioque perfecto puer(i) [X]XVII quibus denuntiatum
erat patrimi et matrimi et puellae totidem carmen cecine-
runt; eo[de]mque modo in Capitolio. Carmen composuit
Q. Hor[at]ius Flaccus.

Cassius Dio, LV 10,7.
48. Ναυμαχία ἐν τῷ χωρίῳ ἐν ᾧ καὶ νῦν ἔτι σημεῖά τινα
αὐτῆς δείκνυται Περσῶν καὶ 'Αϑηναίων ἐποιήϑη· ταῦτα
γὰρ τὰ ὀνόματα τοῖς ναυμαχοῦσιν ἐτέϑη, καὶ ἐνίκων καὶ
τότε οἱ 'Αϑηναῖοι.

Alle sollen hernach aus dem Tempelbau bringen, was recht ist,
Zuzurüsten dem Menschen als Erstlingsopfer der Nahrung[a],
Sühnende Gabe den wohlgeneigten Dämonen, und auch den
Seligen Göttern des Himmels. Das schichte zuhauf, denn aus
                                                    [diesem
Sollst du, und mögst du das ja nicht vergessen, die Frauen
                                                    [und Männer,
Die dort alle versammelt sind, speisen. Es sei an dem Tage
Wie in der folgenden Nacht bei den götterwürdigen Lagern[4]
Eine zahlreiche Schar; man verbinde Würde mit Frohsinn.
Dies nun wahrhaftig bewahre im Geist und bedenke es
                                                    [immer:
Dann wird die ganze italische Erde, das Land der Latiner
Ewig dir unter dem Szepter verbleiben, dein Joch auf dem
                                                    [Nacken[5].

Der Text des Orakelspruches ist nicht in allen Teilen sicher und wohl
auch nicht ganz vollständig; die Überlieferung war offenbar schon in der
Antike fehlerhaft. Zosimus ist ein byzantinischer Geschichtsschreiber um
die Wende vom 5. zum 6. Jh.

[1] Das sogenannte *Tarentum*, ein unterirdisches Heiligtum auf dem Marsfeld.
[2] Göttinnen der Geburtswehen, oft auch in der Einzahl verehrt, dann lat.
= Iuno Lucina. Die lateinischen Götternamen sind in dem Orakel durch
ihre griechischen Entsprechungen ersetzt; Gaia = Tellus (Erde), Zeus
= Iuppiter optimus maximus, Hera = Iuno.
[3] Teile des Opferfleisches für das *lectisternium*, eine Göttermahlzeit, an der
auch die Menschen Anteil hatten.
[4] Die *pulvinaria*.
[5] Das angeblich ja uralte Orakel greift mit seiner Verheißung bewußt in
die Zeiten zurück, als sich die Vorherrschaft Roms in Italien langsam zu
festigen begann.

47a. Nach Vollendung des Opfers trugen siebenundzwanzig Knaben, die dazu aufgefordert worden waren und noch Vater
und Mutter hatten, und ebensoviele Mädchen das Festlied
vor; in gleicher Weise auch auf dem Kapitol. Den Text dazu
verfaßte Q. Horatius Flaccus.

Dieses *carmen saeculare*, eine feierliche Anrufung der Götter für Rom, ist
unter den Werken des Horaz erhalten.

48. Das Schauspiel einer Seeschlacht wurde veranstaltet an der
Stelle, wo heute noch[1] Spuren davon zu sehen sind, und
zwar als Kampf zwischen Persern und Athenern. Diese Bezeichnungen nämlich hatte man den Kämpfern gegeben,
und es siegten wie damals die »Athener«.

[1] Also mehr als zweihundert Jahre später; Cassius Dio schrieb sein Geschichtswerk unter den Severern Anfang 3. Jh.

Plinius, n. h. XXXIV 58.

49. Fecit et Apollinem, quem ab triumviro Antonio sublatum restituit Ephesiis divus Augustus admonitus in quiete.

Velleius Paterculus, II 73,3.

50. Is tum, ut praediximus, occupata Sicilia servitia fugitivosque in numerum exercitus sui recipiens magnum modum legionum effecerat perque Menam et Menecraten paternos libertos, praefectos classium, latrociniis ac praedationibus infestato mari ad se exercitumque tuendum rapto utebatur, cum eum non depuderet vindicatum armis ac ductu patris sui mare infestare piraticis sceleribus.

Appian, b. c. V 13,131.

51. Καὶ ἦν τὰ ἐπεσταλμένα περὶ τῶν θεραπόντων, ὅσοι παρὰ τὴν στάσιν ἀποδράντες ἐστρατεύοντο, καὶ αὐτοῖς τὴν ἐλευθερίαν ἡτήκει Πομπήιος, καὶ ἡ βουλὴ καὶ αἱ συνθῆκαι δεδώκεσαν. οἱ δὲ μιᾶς ἡμέρας συνελαμβάνοντο. καὶ ἀχθέντας αὐτοὺς ἐς Ῥώμην ὁ Καῖσαρ ἀπέδωκεν αὐτῶν τε Ῥωμαίων καὶ Ἰταλῶν τοῖς δεσπόταις ἢ διαδόχοις αὐτῶν, ἀπέδωκε δὲ καὶ Σικελιώταις. ὅσους δ᾽οὐκ ἦν ὁ ληψόμενος, ἔκτεινε παρὰ ταῖς πόλεσιν αὐταῖς, ὧν ἀπέδρασεν.

Cassius Dio, L 11,5.

52. Πάντας μὲν τοὺς στρατιώτας ὧν τι ὄφελος ἦν, πάντας δὲ τοὺς τι δυναμένους καὶ τῶν βουλευτῶν καὶ τῶν ἱππέων ἐς τὸ Βρεντέσιον συνήγαγε, τοὺς μὲν ὅπως τι συμπράξωσιν αὐτῷ, τοὺς δ᾽ὅπως μηδὲν μονωθέντες νεοχμώσωσι, τό τε μέγιστον ὅπως ἐνδείξεται τοῖς ἀνθρώποις ὅτι καὶ τὸ πλεῖστον καὶ τὸ κράτιστον τῶν Ῥωμαίων ὁμογνωμονοῦν ἔχοι.

Velleius Paterculus, II 97,4.

53. Moles deinde eius belli translata in Neronem est; quod is sua et virtute et fortuna administravit peragratusque victor omnis partis Germaniae sine ullo detrimento commissi exercitus, quod praecipuae huic duci semper curae fuit, sic per-

49. Er (Myron) schuf auch eine Apollostatue, die vom Trium-
vim Antonius weggenommen worden war. Der göttliche
Augustus stellte sie den Ephesiern wieder zurück, da ihn ein
Traumgesicht dazu ermahnt hatte.

50. Dieser (Sex. Pompeius) hatte sich darauf, wie wir schon
früher erwähnt haben, Siziliens bemächtigt, Sklaven und
Flüchtlinge in sein Heer eingereiht und so starke, den Legionen gleiche Kampfverbände zustande gebracht. Mit Hilfe
von Menas und Menekrates, Freigelassenen seines Vaters,
machte er durch Beutezüge und Plünderungen das Meer
unsicher und verwendete den Raub, um sich und sein Heer
zu erhalten. Er schämte sich dabei nicht, das unter der Führung seines Vaters mit Waffengewalt gesäuberte Meer[1] erneut durch verbrecherische Seeräuberei in Unruhe zu ver-
setzen.

[1] Cn. Pompeius hatte 67 v. Chr. durch großangelegte Operationen dem
bis dahin gefürchteten Seeraub im Mittelmeer ein Ende bereitet.

51. Diese Geheimbefehle aber bezogen sich auf die Sklaven, die
während der Bürgerkriegswirren entflohen waren und
Kriegsdienste angenommen hatten, und für die Pompeius
die Freiheit erwirkt zu haben glaubte, da sowohl der Senat
als auch der Vertrag[1] dies garantierten. Sie wurden aber alle
an ein und demselben Tag in Ketten gelegt und nach Rom
gebracht, und Caesar (Octavian) übergab sie in der Stadt
und in ganz Italien ihren ehemaligen Herren oder deren
Erben; ebenso stellte er auch die nach Sizilien gehörenden
zurück. Diejenigen aber, auf die niemand Anspruch erhob,
ließ er in den Städten, von wo sie weggelaufen waren, hin-
richten.

[1] Gemeint ist der Vertrag von Misenum 39 v. Chr. zwischen Sex. Pompeius
und Octavian.

52. Er versammelte also zu Brundisium alle Soldaten, die von
einigem Nutzen waren, aber auch alle einflußreichen Senatoren und Ritter, teils um sie zu einer Zusammenarbeit mit
ihm zu veranlassen, teils, damit sie, allein gelassen, nicht
etwa einen Umsturzversuch unternähmen, vor allem aber,
um der Öffentlichkeit zu zeigen, daß die meisten und bedeutendsten der Römer auf seiner Seite stünden.

53. Die Last dieses Krieges wurde hierauf[1] dem (Tiberius) Nero
übertragen. Er unterzog sich dieser Aufgabe mit der ihm
eigenen Tüchtigkeit und mit Glück; er durchzog siegreich
alle Teile Germaniens ohne irgend einen Schaden für das
ihm anvertraute Heer, worauf gerade dieser Feldherr immer

domuit eam, ut in formam paene stipendiariae redigeret
provinciae.

Plinius, n. h. III 136.
54. Non alienum videtur hoc loco subicere inscriptionem e
tropaeo Alpium, quae talis est: Imperatori Caesari divi f.
Aug. pontifici maxumo imp. XIIII tribuniciae potestatis
XVII s(enatus) p(opulus)q(ue) R(omanus), quod eius ductu
auspiciisque gentes Alpinae omnes quae a mari supero ad
inferum pertinebant sub imperium pop. Rom. sunt redactae.

Horaz, carm. IV 14,8–16.
55.   Vindelici didicere nuper
Quid Marte posses: Milite nam tuo
Drusus Genaunos, implacidum genus,
   Breunosque velocis et arces
      Alpibus impositas tremendis
deiecit acer plus vice simplici;
maior Neronum mox grave proelium
   commisit immanesque Raetos
      auspiciis pepulit secundis.

Plinius, n. h. II 167.
56. Septentrionalis vero oceanus maiore ex parte navigatus est
auspiciis divi Augusti Germaniam classe circumvecta ad
Cimbrorum promontorium et inde inmenso mari prospecto
aut fama cognito Scythicam ad plagam.

Cassius Dio, LIV 5,4–6.
57. Ὑπὸ δὲ τὸν αὐτὸν τοῦτον χρόνον οἱ Αἰθίοπες οἱ ὑπὲρ
Αἰγύπτου οἰκοῦντες προεχώρησαν μὲν μέχρι τῆς πόλεος
τῆς Ἐλεφαντίνης ὠνομασμένης, πάντα τὰ ἐν ποσὶ πορ-
θοῦντες, ἡγουμένης σφίσιν Κανδάκης· πυθόμενοι δὲ
ἐνταῦθά που Γάιον Πετρώνιον τὸν τῆς Αἰγύπτου ἄρχοντα
προσιέναι, προαπῆλθον μὲν ὡς καὶ διαφευξόμενοι,
καταληφθέντες δὲ ἐν τῇ ὁδῷ ἡττήθησαν, κἀκ τούτου καὶ

besonders achtete, und brachte das Land so sehr in Botmäßigkeit, daß es fast schon als tributpflichtige Provinz betrachtet werden konnte.

[1] Nach dem Tod seines Bruders Drusus 9 v. Chr.

54. Es erscheint nicht unangebracht, an dieser Stelle die Inschrift des Alpentropäums anzuführen, die folgendermaßen lautet: Dem Imperator Caesar Augustus, dem Sohn des göttlichen (Caesar), oberstem Priester, Imperator zum vierzehnten Mal, im Besitz der *tribunicia potestas* zum siebzehnten Mal (7/6 v. Chr.), Senat und Volk von Rom; weil unter seiner Führung und unter seinen Auspizien die Völker der Alpen alle, wie sie die Gebiete vom adriatischen bis zum tyrrhenischen Meer bewohnen, unter die Herrschaft des römischen Volkes gebracht worden sind.

Es folgen insgesamt fünfundvierzig Namen besiegter Völkerschaften. Von dem Siegesdenkmal selbst sind bei La Turbie, das seinen Namen bewahrt hat, noch zahlreiche Reste aufgefunden worden.

55. Erst vor kurzem haben die Vindeliker erfahren müssen,
    was Du im Kriege vermagst! Denn mit Deinem Heer
    hat Drusus tapfer die Genaunen, ein wildes Volk
    und die flinken Breuner[1] besiegt und auch die Burgen
    die auf den fürchterlichen Alpenhöhen lagen,
    herabgestürzt, mehr als nur einmal.
    Der ältere der beiden Neronen[2] hat bald darauf ein schweres Gefecht geliefert
    und die ungeschlachten Raeter
    unter glücklichen Vorzeichen niedergeworfen.

[1] Die beiden genannten Völker waren Bewohner des Inntales.
[2] Mit vollem Namen hießen die beiden Stiefsöhne des Augustus *Tiberius Claudius Nero* und *Nero Claudius Drusus*.

56. Die Nordsee aber wurde zum größten Teil befahren unter den Auspizien des göttlichen Augustus, indem die Flotte Germanien umrundete und bis zum Vorgebirge der Cimbern[1] und hernach über die unendliche, nur mehr der Sage nach bekannte Weite des Meeres bis zu den Landstrichen der Skythen gelangte.

[1] Die Nordspitze Jütlands, Kap Skagen.

57. Etwa um dieselbe Zeit machten die südlich von Ägypten wohnenden Äthiopier einen Einfall; sie gelangten dabei bis zu der Elephantine genannten Stadt[1] und verheerten unter der Führung ihrer Königin Kandake alles, was sie nur erreichen konnten. Als sie aber dort erfuhren, daß Gaius Petronius, der Statthalter Ägyptens, heränkäme, machten sie sich in höchster Eile auf den Rückzug und suchten zu entkommen, wurden aber noch auf dem Weg eingeholt und von

ἐς τὴν οἰκείαν αὐτὸν ἐπεσπάσαντο. καὶ καλῶς καὶ ἐκεῖ
ἀγωνισάμενος πόλεις ἄλλας τε καὶ τὴν Ναπάτην τὸ βα-
σίλειον αὐτῶν ἔλαβεν. καὶ ἐκείνη μὲν κατεσκάφη, ἐν ἑτέρῳ
δέ τινι χωρίῳ φρουρὰ κατελείφθη· ὁ γὰρ Πετρώνιος
μήτε περαιτέρω διά τε τὴν ἄμμον καὶ διὰ τὸ καῦμα
προελθεῖν μήτε κατὰ χώραν μετὰ παντὸς τοῦ στρατοῦ
μεῖναι καλῶς δυνηθεὶς ἀνεχώρησε, τὸ πλεῖον αὐτοῦ
ἐπαγόμενος. κἂν τούτῳ τῶν Αἰθιόπων τοῖς φρουροῖς
ἐπιθεμένων αὖθίς τε ἐπ᾽ αὐτοὺς ἐστράτευσε, καὶ τοὺς
σφετέρους ἐρρύσατο, καὶ τὴν Κανδάκην συμβῆναί οἱ
ἠνάγκασεν.

Strabo, VII 2,1 p. 293 C.
58. Καὶ ἔπεμψαν τῷ Σεβαστῷ δῶρον τὸν ἱερώτατον παρ᾽
αὐτοῖς λέβητα, αἰτούμενοι φιλίαν καὶ ἀμνηστίαν τῶν
ὑπηργμένων, τυχόντες δὲ ὧν ἠξίουν ἀπῆραν.

Macrobius, Saturnalia I 12,35.
Aus dem Senatsbeschluß zur Umbenennung des Monats Sextilis:
59. Cum ... et Aegyptus hoc mense in potestatem populi Romani redacta sit finisque hoc mense bellis civilibus impositus
sit atque ob has causas ... placere senatui ut hic mensis
Augustus apelletur.

Tacitus, ann. II 59,3.
60. Nam Augustus inter alia dominationis arcana, vetitis nisi
permissu ingredi senatoribus aut equitibus Romanis inlustri-
bus, seposuit Aegyptum, ne fame urgeret Italiam quisquis
eam provinciam claustraque terrae ac maris quamvis levi
praesidio adversum ingentes exercitus insedisset.

Plutarch, Antonius 54,6.
61. Πρῶτον μὲν ἀπέφηνε Κλεοπάτραν βασίλισσαν Αἰγύπτου
καὶ Κύπρου καὶ Λιβύης καὶ Κοίλης Συρίας, συμβασιλεύον-
τος αὐτῇ Καισαρίωνος, ὃς ἐκ Καίσαρος ἐδόκει τοῦ προ-
τέρου γεγονέναι Κλεοπάτραν ἔγκυον καταλιπόντος·
δεύτερον δὲ τοὺς ἐξ αὐτοῦ καὶ Κλεοπάτρας υἱοὺς βασι-

ihm besiegt. Auf diese Weise gelangte er hinter ihnen her
bis in ihre eigenen Wohngebiete; auch dort kämpfte er mit
Erfolg und eroberte zusammen mit anderen Ortschaften
sogar Napata, ihre Königsstadt. Diese wurde bis auf die
Grundmauern zerstört und eine Besatzung an einem anderen
Ort zurückgelassen, denn Petronius konnte wegen des San-
des und der Hitze weder weiter vorrücken noch auch gut
mit seinem ganzen Heer an der Stelle bleiben, wo er sich
gerade befand. So zog er sich zurück, indem er die Mehrzahl
seiner Truppen mit sich nahm. Als darauf aber die Äthiopier
die zurückgebliebene Garnison angriffen, wandte er sich
sofort wieder gegen sie, brachte seinen eigenen Leuten Hilfe
und zwang Kandake zu einem Übereinkommen.

[1] Auf einer Nilinsel bei Syene (Assuan).

58. Und (die Cimbern) sandten dem Kaiser als Geschenk ein
bei ihnen überaus heilig gehaltenes Gefäß[1], ersuchten um
Freundschaft und Verzeihung für ihr früheres Verhalten[2],
und als ihnen das zugesagt worden war, brach die Gesandtschaft wieder auf.

[1] Es handelt sich wohl um eine Schale, in der das Blut der geopferten Gefangenen gesammelt zu werden pflegte.
[2] Gemeint ist offensichtlich der Einbruch ihrer Stammesgenossen zusammen mit den Teutonen in Italien, der mit ihrem Untergang 101 v. Chr.
bei Vercellae geendet hatte.

59. Zumal ... auch Ägypten in diesem Monat unter die Ver-
fügungsgewalt des römischen Volkes gebracht und in diesem Monat damit den Bürgerkriegen ein Ende gesetzt worden ist; aus diesen Gründen also ... beschließt der Senat, den
betreffenden Monat »August« zu benennen.

60. Denn Augustus hatte unter anderen geheimnisvollen Maßnahmen seiner Herrschaft auch Ägypten eine Sonderstellung
eingeräumt, indem er Senatoren und bedeutenden Männern
aus dem römischen Ritterstand verbot, es ohne Erlaubnis
zu betreten. Niemand sollte mit Hunger Italien bedrohen
können, wer immer diese Provinz und ihre Schlüsselstel-
lungen auf dem Festland und am Meer mit gleichwohl geringen Truppenkontingenten gegen gewaltige Heeresmassen besetzt hielte.

61. Zunächst verkündete (Antonius) Kleopatra als Königin von
Ägypten, Zypern, Libyen und Koile-Syrien unter der Mit-
regentschaft des Caesarion, welcher als Sohn des älteren
Caesar galt, der Kleopatra ja schwanger zurückgelassen
hatte. Sodann ernannte er seine eigenen Söhne von Kleopatra zu »Königen der Könige«, wobei er dem Alexander

λεῖς βασιλέων ἀναγορεύσας, Ἀλεξάνδρῳ μὲν Ἀρμενίαν
ἀπένειμε καὶ Μηδίαν καὶ τὰ Πάρθων ὅταν ὑπαγάγηται,
Πτολεμαίῳ δὲ Φοινίκην καὶ Συρίαν καὶ Κιλικίαν.
Hyginus, const. limitum.
(Corpus agrimensorum Romanorum rec. Thulin, p. 142).

62. Divus Augustus adsignata orbi terrarum pace exercitus, qui
aut sub Antonio aut Lepido militaverant, pariter et suarum
legionum milites colonos fecit, alios in Italia, alios in pro-
vinciis.

Sueton, Aug. 46.

63. Italiam duodetriginta coloniarum numero deductarum a se
frequentavit operibusque ac vectigalibus publicis plurifariam
instruxit, etiam iure ac dignatione urbi quodam modo pro
parte aliqua adaequavit excogitato genere suffragiorum,
quae de magistratibus urbicis decuriones colonici in sua
quisque colonia ferrent et sub die comitiorum obsignata
Romam mitterent.

Cassius Dio, LIV 8,1–2.

64. Κἄν τούτῳ ὁ Φραάτης ... τά τε σημεῖα αὐτῷ καὶ τοὺς
αἰχμαλώτους, πλὴν ὀλίγων οἳ ὑπ' αἰσχύνης σφᾶς ἔφθει-
ραν ἢ καὶ κατὰ χώραν λαθόντες ἔμειναν, ἀπέπεμψε. καὶ
αὐτοὺς ἐκεῖνος ὡς καὶ πολέμῳ τινὶ τὸν Πάρθον νενικηκὼς
ἔλαβε· καὶ γὰρ ἐπὶ τούτοις ἐφρόνει μέγα, λέγων ὅτι τὰ
πρότερόν ποτε ἐν ταῖς μάχαις ἀπολόμενα ἀκονιτὶ ἐκεκό-
μιστο.

Horaz, carm. IV 15,4–8.
65.   ... tua, Caesar, aetas
...
et signa nostro restituit Iovi
derepta Parthorum superbis
postibus ...

RIC 47 und 48.
Gold- bzw. Silbermünze des Augustus.
66. Legende der Rückseite:
SIGNIS·PARTHICIS·RECEPTIS·

Sueton, Tib. 16,1–2.
67. Sed nuntiata Illyrici defectione transiit ad curam novi belli,
quod gravissimum omnium externorum bellorum post Pu-
nica ... ac perseverantiae grande pretium tulit, toto Illyrico,
quod inter Italiam regnumque Noricum et Thraciam et

Armenien zuteilte sowie Medien und das Partherreich, sobald er es erobert haben würde; dem Ptolemaios aber gab
er Phönikien, Syrien und Kilikien.

62. Als der göttliche Augustus dem Erdkreis den Frieden zu-
geteilt[1] hatte, machte er aus den Heeren, die unter Antonius
und Lepidus gedient hatten, in gleicher Weise aber auch aus
den Soldaten seiner Legionen Ansiedler, und zwar teils in
Italien, teils in den Provinzen.

[1] Das im lateinischen Text verwendete Wort *adsignare*, anzeichnen, zu-
messen, ist hier recht bezeichnend für den als Geometer und Feldmesser
tätigen Fachschriftsteller.

63. Italien bevölkerte er durch die große Zahl von achtundzwanzig durch ihn gegründeten Siedlungsstädten; er stattete
diese mit öffentlichen Bauten und Einkünften auf vielfache
Weise aus und verlieh ihnen in einer gewissen Beziehung
wenigstens zum Teil die gleiche Rechtsstellung und Würde
wie die Hauptstadt. Er hatte nämlich ein neues Wahlverfah-
ren entwickelt, wobei die Gemeinderäte zu den Wahlen der
stadtrömischen Beamten jeweils in der betreffenden Stadt
ebenfalls ihre Stimme abgaben, die dann unmittelbar am
Wahltag versiegelt nach Rom gebracht wurden.

64. In der Zwischenzeit sandte Phraates ihm die Feldzeichen und
Kriegsgefangenen zurück, mit Ausnahme weniger, die sich
der Schande wegen selbst den Tod gegeben hatten oder sich
versteckt hielten und im Lande blieben. Augustus aber nahm
sie in Empfang, als hätte er sie im Krieg von den Parthern
erobert; er war überaus stolz auf diesen Erfolg und erklärte,
er habe ohne kämpfen zu müssen wiedergewonnen, was
früher auf dem Schlachtfeld verlorengegangen war.

65. Dein Zeitalter, o Caesar,
hat die Feldzeichen unserem Himmel wiedergeschenkt,
hat sie herabgerissen von den stolzen Pforten der Parther.

67. Nach der Botschaft vom Aufstand in Illyricum nahm (Tiberius) die Last dieses neuen Krieges auf sich, welcher der
schwerste werden sollte von allen äußeren Kriegen seit den
Punischen. Und seiner eisernen Disziplin wurde ein hoher
Lohn zuteil, denn das gesamte Illyricum, welches zwischen

Macedoniam interque Danuvium flumen et sinum maris
Hadriatici patet, perdomito et in dicionem redacto.

Cassius Dio, LIV 36,2–3.
68. Ἐψηφίσθη μὲν οὖν τὸν Ἰανὸν τὸν Γέμινον ὡς καὶ πεπαυ-
μένων τῶν πολέμων – ἀνέῳκτο γὰρ – κλεισθῆναι, οὐ
μέντοι καὶ ἐκλείσθη· οἵ τε γὰρ Δακοὶ τὸν Ἴστρον πεπ-
ηγότα διαβάντες λείαν ἐκ τῆς Παννονίας ἀπετέμοντο,
καὶ οἱ Δελμάται πρὸς τὰς ἐσπράξεις τῶν χρημάτων
ἐπανέστησαν.

Horaz, carmen saeculare, 53–56.
69. Iam mari terraque manus potentes
Medus Albanasque timet secures,
iam Scythae responsa petunt superbi
nuper et Indi.

Strabo, VII 1,4 p. 291 C.
70. ... ἤρξαντο δὲ τοῦ πολέμου Σούγαμβροι πλησίον οἰκο-
οῦντες τοῦ Ῥήνου, Μέλωνα ἔχοντες ἡγεμόνα.
Cassius Dio, LIV 20,4–6.
71. Σούγαμβροί τε γὰρ καὶ Οὐσιπέται καὶ Τένκτηροι τὸ μὲν
πρῶτον ἐν τῇ σφετέρᾳ τινὰς αὐτῶν συλλαβόντες ἀνεσ-
ταύρωσαν, ἔπειτα δὲ καὶ τὸν Ῥῆνον διαβάντες τήν τε
Γερμανίαν καὶ τὴν Γαλατίαν ἐλεηλάτησαν, τό τε ἱππικὸν
τὸ τῶν Ῥωμαίων ἐπελθὸν σφισιν ἐνήδρευσαν, καὶ
φεύγουσιν αὐτοῖς ἐπισπόμενοι τῷ τε Λολλίῳ ἄρχοντι αὐτῆς ἐνέτυχον ἀνέλπιστοι καὶ ἐνίκησαν καὶ ἐκεῖνον. μαθὼν
οὖν ταῦτα ὁ Αὔγουστος ὥρμησε μὲν ἐπ' αὐτούς, οὐ
μέντοι καὶ ἔργον τι πολέμου ἔσχεν· οἱ γὰρ βάρβαροι
τόν τε Λόλλιον παρασκευαζόμενον καὶ ἐκεῖνον στρα-
τεύοντα πυθόμενοι ἔς τε τὴν ἑαυτῶν ἀνεχώρησαν καὶ
σπονδὰς ἐποιήσαντο, ὁμήρους δόντες.

Flavius Iosephus, ant. Iud. XVIII 40–42.
72. Φραάτης παίδων αὐτῷ γενομένων γνησίων Ἰταλικῆς
παιδίσκης * ὄνομα αὐτῇ Θεσμοῦσα. ταύτη ὑπὸ Ἰουλίου
Καίσαρος μετ' ἄλλων δωρεῶν ἀπεσταλμένη τὸ μὲν πρῶτον παλλακίδι ἐχρῆτο, καταπλαγεὶς δὲ τῷ πολλῷ τῆς
εὐμορφίας προϊόντος τοῦ χρόνου καὶ παιδὸς αὐτῇ τοῦ
Φραατάκου γενομένου γαμετήν τε τὴν ἄνθρωπον ἀπο-
φαίνεται καὶ τιμίαν ἦγεν. ἐπὶ πᾶσιν οἷς εἴποι πιθανὴ τῷ
βασιλεῖ γεγονυῖα καὶ σπεύδουσα τῷ παιδὶ τῷ αὐτῆς

dem norischen Königreich, Thrakien und Makedonien liegt und sich von der großen Bucht des adriatischen Meeres bis zur Donau erstreckt, diese ganze Ländermasse wurde unterworfen und in Botmäßigkeit gebracht.

68. Es lag bereits ein Beschluß vor, daß der Tempel des Ianus Geminus, der offen stand, geschlossen werden sollte, da alle Kriege beendet waren. Dieser Beschluß kam jedoch nicht zur Durchführung, denn die Daker überschritten die zugefrorene Donau und führten Beute aus Pannonien hinweg; zugleich erhoben sich die Dalmater gegen die Eintreibung des Tributes.

69. Schon fürchtet der Meder unsere Hand,
die mächtig ist zu Wasser und zu Lande,
und das albanische [1] Schlachtbeil,
schon erbitten die Skythen Entscheidungen von uns
und erst vor kurzem
die stolzen Inder.

[1] Albanisch = römisch; Iulus, der Stammvater des iulischen Hauses, ist der Gründer von Alba Longa.

70. Den Anfang mit diesem Krieg machten die nächst dem Rhein wohnenden Sugambrer unter der Führung des Maelo.

71. Die Sugambrer aber, die Usipeter und Tenkterer hatten zunächst in ihrem eigenen Land einige (Römer) ergriffen und gepfählt. Daraufhin überschritten sie den Rhein und plünderten die germanischen Provinzen und Gallien. Als die römische Reiterei herankam, legten sie ihr einen Hinterhalt und jagten sie in die Flucht; und während sie ihr nachsetzten, trafen sie unerwartet auf den Statthalter Lollius und brachten auch diesem eine Niederlage bei. Als Augustus davon erfuhr, zog er eilends gegen sie los, fand aber keine Gelegenheit mehr zum Kampf. Denn sobald die Barbaren erfahren hatten, daß Lollius eifrige Rüstungen betriebe und der Kaiser selbst ins Feld gezogen war, kehrten sie in ihr Land zurück, schlossen einen Waffenstillstand und stellten Geiseln.

72. Phraates hatte Söhne, die in rechtmäßiger Ehe geboren waren. Es gab da aber eine italische Sklavin mit Namen Thesmusa, die ihm einst zusammen mit anderen Geschenken von Iulius Caesar [1] übersandt worden war. Der König hatte sie zunächst als seine Mätresse behandelt; als aber einige Zeit vergangen war, machte er diese Frau, überwältigt von ihrer großen Schönheit und weil sie ihm einen Sohn, Phraatakes, geboren hatte, zu seiner ehelichen Gemahlin und hielt sie in Ehren. Sie wurde bald in allem, was sie sagte, dem König

γενέσθαι τὴν Πάρθων ἡγεμονίαν, ἑώρα μὴ ἄλλως γενη-
σομένην μὴ ἀποσκευῆς αὐτῇ μηχανηθείσης τῶν γνησίων
τοῦ Φραάτου παίδων. πείθει οὖν αὐτὸν ἐκπέμπειν εἰς
'Ρώμην ἐφ' ὁμηρείᾳ τοὺς γνησίους παῖδας.

Sueton, Aug. 21,3.
73. Parthi quoque et Armeniam vindicanti facile cesserunt et
signa militaria, quae M. Crasso et M. Antonio ademerant,
reposcenti reddiderunt obsidesque insuper optulerunt, deni-
que pluribus quondam de regno concertantibus non nisi ab
ipso electum probaverunt.

CIL VI 1799 = H. Dessau, ILS 842.
Grabinschrift von der Via Appia.
74.   SERASPADANES   ·   PHRAATIS
             ARSACIS · RÉGVM · RÉGIS · F
                       PARTHVS
             RHODASPES   ·   PHRAATIS
        5   ARSACIS · RÉGVM · RÉGIS · F
                       PARTHVS
Sueton, Aug. 7,2.
75. Cai Caesaris et deinde Augusti cognomen assupsit, alterum
testamento maioris avunculi, alterum Munati Planci senten-
tia, cum quibusdam censentibus Romulum appellari oportere quasi et ipsum conditorem urbis praevaluisset, ut Augustus potius vocaretur, non tantum novo sed etiam ampli-
ore cognomine ...

Cassius Dio, LIII 16,8.
76. Αὔγουστος ὡς καὶ πλεῖόν τι ἢ κατὰ ἀνθρώπους ὢν
ἐπεκλήθη· πάντα γὰρ τὰ ἐντιμότατα καὶ τὰ ἱερώτατα
αὔγουστα προσαγορεύεται.

völlig vertrauenswürdig und bemühte sich nun, ihrem eigenen Kind die parthische Herrschaft zu verschaffen. Weil sie sich aber darüber im klaren war, daß sie dies auf keine andere Weise zustande brächte – jedenfalls nicht durch Anschläge auf das Leben der ehelichen Söhne des Phraates –, überredete sie ihn, diese legitimen Kinder als Geiseln nach Rom zu schicken.

[1] Wohl eher Augustus; dieser und der vorausgehende Satz sind nur schlecht überliefert. Auch der Name dieser Sklavin selbst wird mit Formosa oder Thea Musa verschieden angegeben. Als Thea Urania Musa erscheint sie auf den Münzen ihres Sohnes, der als Phraates V. zur Herrschaft gelangte.

73. Auch die Parther gaben, als er auf Armenien Ansprüche erhob, bereitwillig nach und brachten auf sein Verlangen die Feldzeichen zurück, die sie dem M. Crassus und M. Antonius[1] abgenommen hatten; ja sie stellten darüber hinaus noch Geiseln, und während sich einst viele um die Königsherrschaft gestritten hatten, anerkannten sie jetzt nur den von Augustus Auserwählten.

[1] Während der Triumviratszeit hatte Antonius 36 v. Chr. wenig erfolgreiche Aktionen gegen die Parther unternommen, bei denen ganze Heeresabteilungen der Römer ihren Untergang gefunden hatten.

74. Seraspadanes, Phraates' des Arsakiden, Königs der Könige Sohn, Parther. Rhodaspes, Phraates' des Arsakiden, Königs der Könige Sohn, Parther.

75. Er nahm die Namen Gaius Caesar und schließlich das Cognomen Augustus an, erstere auf Grund des Testaments seines Großonkels, letzteres nach dem Antrag des Munatius Plancus. Von einigen war zwar angeregt worden, ihn gleichsam als (neuen) Gründer Roms »Romulus« zu nennen, doch drang schließlich der Vorschlag durch, ihm den Namen »Augustus« zu geben, und zwar nicht nur deshalb, weil es ein neuer, sondern vor allem weil es ein bedeutungsschwererer Beiname war.

76. Man gab ihm den Namen »Augustus« und deutete damit an, daß er mehr wäre als ein gewöhnlicher Mensch; alles nämlich, was besonders verehrungswürdig und heilig ist, pflegt man als »augustus« zu bezeichnen.

CIL I² p. 231.

Fasti Praenestini zum 14. Jänner.

77. Corona quern[a uti super ianuam domus Imp. Caesaris]
Augusti poner[etur senatus decrevit quod rem publicam]
p(opuli) R(omani) rest[i]tui[t].

RIC 145 Taf. IV 61.

78. Sesterz. Auf der Vorderseite ein Eichenkranz zwischen Lorbeerzweigen: OB·CIVIS·SERVATOS

F.Benoit, RA 39, 1952, 48f. Abb. 11 = H.Kähler, Rom
und seine Welt, Tafel 119.

Ehrenschild des Augustus aus Arelate (Arles).

79. Senatus populusque Romanus Imp. Caesari divi f. Augusto
cos. VIII dedit clupeum virtutis clementiae iustitiae pietatis
erga deos patriamque.

Sueton, Aug. 58.

80. Patris patriae cognomen universi repentino maximoque
consensu detulerunt ei prima plebs legatione Antium missa;
dein, quia non recipiebat, ineunti Romae spectacula frequens
et laureata; mox in curia senatus neque decreto neque ad-
clamatione, sed per Valerium Messalam; is mandantibus
cunctis: quod bonum, inquit, faustumque sit tibi domuique
tuae, Caesar Auguste! sic enim nos perpetuam felicitatem
rei p(ublicae) et laeta huic praecari existimamus: senatus te
consentiens cum populo R(omano) consalutat patriae patrem. cui lacrimans respondit Augustus his verbis – ipsa
enim, sicut Messalae, posui: compos factus votorum meo-
rum, p(atres) c(onscripti), quid habeo aliud deos immortales
praecari, quam ut hunc consensum vestrum ad ultimum
finem vitae mihi perferre liceat.

77. Daß ein Kranz aus Eichenlaub über der Pforte des Hauses des Imperator Caesar Augustus angebracht würde, beschloß der Senat, weil er den Staat des römischen Volkes wiederhergestellt hat.

79. Senat und Volk von Rom verliehen dem Imperator Caesar Augustus, dem Sohn des göttlichen (Caesar), der Konsul zum achten Mal war (26 v. Chr.[1]), diesen Ehrenschild wegen seiner Tüchtigkeit, Milde, Gerechtigkeit und Pflichttreue gegenüber den Göttern und dem Vaterland.

[1] Diese Konsulatsangabe bezieht sich nicht auf das Datum der eigentlichen Verleihung, sondern auf den Zeitpunkt, zu dem diese Darstellung angefertigt wurde.

80. Den Ehrennamen eines »Vaters des Vaterlandes« trugen ihm alle spontan und in überaus einhelliger Übereinstimmung an: zuerst das Volk in einer nach Antium gesandten Abordnung; darauf, da er ihn hier nicht annahm, eine zahlreiche und mit Lorbeerzweigen geschmückte Menge, als er in Rom das Theater betrat; und wenig später der Senat im Sitzungssaal selbst, nicht durch einen förmlichen Beschluß oder durch Zuruf, sondern durch Valerius Messalla, der im Namen aller folgende Worte an ihn richtete: »Möge dies Dir und Deinem Hause Glück und Segen bedeuten, Caesar Augustus! So glauben wir nämlich auf ewig Glück dem Gemeinwesen und Freude für alle hier sicherzustellen: der Senat entbietet Dir in Übereinstimmung mit dem römischen Volk den Gruß als Vater des Vaterlandes«. Mit Tränen in den Augen erwiderte hierauf Augustus mit folgenden Worten – auch diese führe ich, wie die des Messalla, im Original an: »Da nun meine innigsten Gebete, versammelte Väter, Erfüllung gefunden haben, was bleibt mir da noch, als die unsterblichen Götter zu bitten, daß es mir vergönnt sein möge, mir diese eure einträchtige Gesinnung bis ans Ende meines Lebens zu erhalten«.

LITERATURHINWEISE

Es ist selbstverständlich, daß ein Denkmal von so überragender Bedeutung wie das Selbstzeugnis des Augustus in der modernen wissenschaftlichen Literatur vielfältige Beachtung gefunden hat. Wie man sich mit den *Res gestae* in ihrer Gesamtheit beschäftigte, sind immer wieder auch einzelne Teilaspekte eingehend beleuchtet worden. Dieses umfangreiche Schrifttum auch nur in Auswahl anzuführen wäre wenig sinnvoll; es kann hier nur auf das eine oder andere verwiesen werden, von wo aus der interessierte Benützer leicht weiterfindet.

Neuere Textausgaben mit Kommentar[1]:

P. A. BRUNT - J.-M. MOORE, Res gestae divi Augusti, Oxford 1967. [2]1979.

H. VOLKMANN, Res gestae divi Augusti, Berlin [3]1969.

J. GAGÉ, Res gestae divi Augusti, Paris [3]1977.

Der Text ist ferner enthalten in:

S. RICCOBONO, Acta divi Augusti I, Rom 1945, 1ff

V. EHRENBERG - A.H.M. JONES, Documents Illustrating the Reigns of Augustus and Tiberius, Oxford [2]1955, 1ff. Nachdr. 1983.

E. MALCOVATI, Imperatoris Caesaris Augusti operum fragmenta, Turin [5]1969, 150ff.

Zu den antiken Monumenten als Trägern des Textes:

A. V. PREMERSTEIN, Gliederung und Aufstellung der Res gestae divi Augusti in Rom und im pisidischen Antiochia, Klio 25, 1932, 107ff.

E. NASH, Mausoleum Augusti, Bildlexikon zur Topographie des antiken Rom II, Tübingen 1962, 38ff. Abb. 719–725.

D. KRENKER - M. SCHEDE, Der Tempel in Ankara, Berlin 1936.

---

[1] Den von mir selbst benützten Kommentar von Th. Mommsen, Res gestae divi Augusti, 2. Aufl. Berlin 1883, habe ich schon im Vorwort angeführt.

M. Schede-H. St. Schultz, Ankara und Augustus, Berlin 1937 [mit einer deutschen Übersetzung der Res gestae].

W. Ramsay-A. v. Premerstein, Monumentum Antiochenum, Klio Beiheft 19, Leipzig 1927.

W. H. Buckler-W. M. Calder-W. K. C. Guthrie, Monumenta Asiae Minoris antiqua IV, Manchester 1933, 49ff. (Monumentum Apolloniense).

L. Tardy-E. Moskovszky, Zur Entdeckung des Monumentum Ancyranum 1555, Acta Antiqua Academiae Scientiarum Hungaricae 21, 1973, 375ff.

Zum Inhalt der *Res gestae* sowie zu Augustus und seiner Zeit:

H. Bengtson, Grundriß der römischen Geschichte. Handbuch der Altertumswissenschaft III/5 I, München ³1982, 235ff. [mit ausführlichen Literaturangaben].

H. Bengtson, Augustus, sein Leben und seine Zeit, München 1981.

J. Béranger, Recherches sur l'aspect idéologique du principat, Basel 1953.

G. Binder (Hrsg.), Saeculum Augustum I–III, Darmstadt 1987–1991 (Wege der Forschung 266, 512 und 632).

J. Bleicken, Augustus, Eine Biographie, Berlin 1998.

The Cambridge Ancient History, Second Edition, X: The Augustan Empire, Cambridge 1996.

K. Christ, Römische Geschichte. Einführung, Quellenkunde, Bibliographie, Darmstadt ⁵1994, 149ff.

W. Eck, Augustus und seine Zeit, München 1998.

J. Gagé, Auguste écrivain, ANRW II 30.1 (1982) 611ff.

V. Gardthausen, Augustus und seine Zeit, Leipzig 1891–1904 (Nachtrag 1917). Nachdr. Aalen 1964.

A. Heuss, Zeitgeschichte als Ideologie. Bemerkungen zu Komposition und Gedankenführung der Res Gestae Divi Augusti, in: E. Lefèvre (Hrsg.), Monumentum Chiloniense. Erich Burck zum 70. Geburtstag, 1975, 55–95. Wieder abgedruckt in: A. Heuß, Gesammelte Schriften II 1319–1359.

T. R. Holmes, The Architect of the Empire, Oxford 1928–1931.

D. Kienast, Augustus. Prinzeps und Monarch, Darmstadt 1982. ²1992.

F. Millar-E. Segal (Hrsg.), Caesar Augustus. Seven Aspects, Oxford 1984.

A. v. Premerstein, Vom Werden und Wesen des Principats. Abhandlung der Bayerischen Akadamie der Wissenschaften, N. F. 15, 1937 [aus dem Nachlaß herausgegeben von H. Volkmann].

K. RAAFLAUB-M. TOHER (Hrsg.), Between Republic and Empire. Interpretations of Augustus and his Principate, Berkeley 1990 [Paperback-Ausg. 1995].

W. SCHMITTHENNER (Hrsg.), Augustus, Darmstadt 1969. ²1985 (Wege der Forschung 128).

B. SIMON, Die Selbstdarstellung des Augustus in der Münzprägung und in den res Gestae, Hamburg 1993.

E. SIMON, Augustus. Kunst und Leben in Rom um die Zeitenwende, München 1986.

R. SYME, The Roman Revolution, Oxford 1939; dt. u. d. T.: Die Römische Revolution, Vorw. und hrsg. von W. Dahlheim, übers. von T. Wiedemeyer, München 1992.

F. VITTINGHOF, Kaiser Augustus, hrsg. von G. Franz, Göttingen 1959. ³1991.

L. WICKERT, RE XXII, 1954, 1998 ff. (s.v. *princeps*).

D. N. WIGTIL, The Ideology of the Greek «Res Gestae», ANRW II 30.1. (1982) 624 ff.

P. ZANKER, Augustus und die Macht der Bilder, München 1987. ²1990.

Verzeichnis der Eigennamen

Die Zahlen beziehen sich auf die Kapitel der *Res gestae*. Kursive Ziffern mit davor gesetztem *B* verweisen auf die entsprechenden Belegstellen. A. = Augustus.

ACHAIA, Provinz 28
ACTIUM 25
ADIABENI, Völkerschaft im heutigen Grenzgebiet zwischen Irak, Persien und der Türkei 32
AEGYPTUS, durch A. dem Reich hinzugefügt 27, *vgl. B 59, 60*
AETHIOPIA, Feldzug gegen 26, *vgl. B 57*
AFRICA, Provinz 25, 28
AFRICANAE BESTIAE, für Tierhetzen 22
M. AGRIPPA cos. (II.! *28 v.*) 8, Kollege des A. bei den *ludi saeculares* 22
ALBANI, Völkerschaft am Kaspischen Meer 31
ALBIS FL., Elbe 26
ALPES, ihr Gebiet unter A. besetzt 26, *vgl. B 54, 55*
C. ANTISTIUS cos. (*6 v.*) 16
APOLLO, Tempel beim Marcellustheater 21, auf dem Palatin 19, 21, 24, *vgl. B 38*
SEX. APPULEIUS cos. (*14 n.*) 8
AQUA MARCIA, Leistungsverdoppelung durch A. 20, *vgl. B 41*
ARA FORTUNAE REDUCIS II, *vgl. B 23, 24, 25*
ARA PACIS 12, *vgl. B 26, 27*
ARABIA EUDAEMON, Feldzug dorthin 26
ARIMINUM, Rimini, Endpunkt der Via Flaminia 20
ARIOBARZANES (I) Sohn des Artabazos, König von Armenien 27, 33, (2) Enkel von (I), Wunschkönig der Meder 33
ARMENIA, Klientelkönigreich in Kleinasien 27
L. ARRUNTIUS (I) cos. (*22 v.*) 5, (2) Sohn von (I), cos. (*6 n.*) 17
ARTABAZOS, König der Meder, Vater von Ariobarzanes (I) 27
ARTAVASDES (I) Sohn des Ariobarzanes (I), König von Armenien 27, 33, (2) König der Meder 32, (3) Sohn des Tigranes (I), König von Armenien 27
ARTAXARES, König von Adiabene 32
ARTAXES, König von Armenien 27
ASIA, Provinz 24, 28
C. ASINIUS, cos. (*8 v.*) 8
AUGUSTALIA, anläßlich der Rückkehr des A. aus Syrien 11
AUGUSTUS, Verleihung des Namens 34, *vgl. B 75, 76*
   zahlt Ablösesummen für enteignetes Ackerland 16, lehnt neuartige Ämter ab 6, gründet das *aerarium militare* 17, *vgl. B 35, 36*, verzichtet auf das *aurum coronarium* 21, legt Ausnahmsgewalt nieder 34, seine *auctoritas* 34, A.s öffentliche und sakrale

Bauwerke 19, *vgl. B 37*, auf Privatgrund 21, stellt Bauten, Straßen und Brücken wieder her 20, Bestrafung der Caesarmörder 2, *vgl. B 10*, besiegt sie 2, gewährt röm. Bürgern Verzeihung 3, unterstützt sie 18, kämpft in Bürgerkriegen 3, *vgl. B 11*, beendet diese 34, lehnt Diktatur ab 5, *vgl. B 18*, vielfältige Ehrungen 34, *vgl. B 77, 78, 79*, erlangt Feldzeichen wieder 29, *vgl. B 64, 65, 73*, seine Flotte erkundet die Nordsee 26, *vgl. B 56*, Gebete für sein Heil 9, Gefolgschaftseid Italiens und der westl. Provinzen 25, Geldspenden an das Volk 15, 18, aus dem Testament Caesars 15, *vgl. B 34*, Geldanweisung an entlassene Soldaten 3, 15, 16, 17, löst seine Gelübde auf dem Kapitol ein 4, Gelübde für sein Wohlergehen 9, Gesandtschaften der Germanen 26, *vgl. B 58*, östlicher Völker 31, aus Indien 31, *vgl. B 69*, schafft neue Gesetze 8, *vgl. B 22*, Getreidezuteilungen 15, 18, Gladiatorenspiele 22, stellt aus eigenem ein Heer auf 1, erhält das *imperium* 1, König und Königskinder bei seinem Triumph 4, *vgl. B 15*, Könige als Schutzflehende 32, Könige als Herrscher eingesetzt 27, 33, *vgl. B 73*, Wahl zum Konsul 1, *vgl. B 7*, dreizehnmal Konsul 4, *vgl. B 17*, lehnt Konsulat auf Lebenszeit ab 5, seine Konsulate: V (29 v.) 8, 15, VI (28 v.) 8, 20, 34, VII (27 v.) 20, 34, X (24 v.) 15, XI (23 v.) 15, XII (5 v.) 15, XIII (2 v.) 15, 22, 35, Kriege 3, aus gerechter Ursache 26, bei Actium 25, in Ägypten und Armenien 27, gegen die Alpenvölker 26, *vgl. B 54, 55*, in Äthiopien und Arabien 26, *vgl. B 57*, gegen die Caesarmörder 2, gegen die Daker/pannonischen Völker 30, in Germanien 26, *vgl. B 53, 70, 71*, gegen die Slaven und «Seeräuber» im Mittelmeer 25, 27, *vgl. B 50, 51*, in Spanien und Gallien 12, 26, gegen (M. Antonius) 24, sein Mausoleum *B 3, 4*, kümmert sich um Nahrungsmittelversorgung 5, hält zweimal die *ovatio* ab 4, *vgl. B 13, 14, pater patriae* 35, *vgl. B 80*, ernennt neue Patrizier 8, *vgl. B 19, pontifex maximus* 10, Priesterämter 7, *princeps senatus* 7, erweitert Provinzialgebiet 26, gewinnt verschenkte Provinzen zurück 27, *vgl. B 61*, Rückkehr aus Syrien 11, aus Spanien und Gallien 12, kapert Schiffe 3, ehrenvolle Aufnahme in den Senat 1, konstituiert den Senat neu 8, *vgl. B 20*, Senatsabordnung nach Campanien 12, die Senatoren in seinem Heer vor Actium 25, *vgl. B 52*, veranstaltet Spiele 22, eine Seeschlacht 23, 23, *vgl. B 48*, die *ludi saeculares* 22, *vgl. B 47*, auf ihn vereidigte Soldaten 3, ordnet die Staatsfinanzen mit eigenen Mitteln 17, gründet Städte 28, *vgl. B 62, 63*, macht aus seinen Standbildern Weihgeschenke 24, stellt erneuerungsbedürftige Tempel in Rom wieder her 20, *vgl. B 42*, gibt geraubte Tempelschätze zurück 24, *vgl. B 49*, Testament *B 1, 2, 30, tribunicia potestas* XII (12 v.) und XVIII (5 v.) 15, zum siebenunddreißigsten Mal 4, auf Lebenszeit 10, erbittet sich für diese einen Kollegen vom Senat 6, drei kurulische Triumphe 4, *vgl. 15, 16*, lehnt weitere Triumphe ab 4, *triumvir rei publicae constituendae* 1, *vgl. B 8, 9*, durch zehn Jahre hindurch 7, Volkszählungen 8, *vgl. B 21*, erneuert Wasserleitungen 20, *vgl. B 40*, stiftet Weihgeschenke aus der Kriegsbeute 21

AVENTINUS, Hügel in Rom, Tempelbauten dort 19
BASILICA IULIA, fertiggestellt, nach Brand neu aufgebaut 20
BASTARNAE, german. Stamm an der Donaumündung 31
BRITANNI 32
CAESARES, Hain der 23
C. CAESAR 14, setzt König in Armenien ein 27
L. CAESAR 14, zu beiden *vgl. B 30, 31, 32, 33*
TIB. CAESAR 8, vgl. auch Ti. Nero
C. CALVISIUS, cos. (4 v.) 16
CAMPANIA, ein Teil der Beamten und die vornehmsten Männer ziehen A. dorthin entgegen 12
L. CANINIUS, cos. (2 v.) 16
CAPENA, s. porta C.
CAPITOLIUM, A. legt dort den Lorbeer von den *fasces* ab 4, erbaut Tempel 19, stellt den Iuppitertempel wieder her 20, stellt Weihgeschenke auf 21
CASTOR, Tempel des 20
C. CENSORINUS, cos. (8 v.) 8
CHALCIDICUM, Minervakapelle bei der Curia 19
CHARYDES, german. Stamm in Norddeutschland 26
CIMBRI, german. Stamm, damals in Dänemark 26, *vgl. B 58*
CIRCUS FLAMINIUS 19
CIRCUS MAXIMUS 19
M. CRASSUS, cos. (14 v.) 16
CURIA IULIA, von A. erbaut 19, Ehrenschild dort angebracht 34, Inschrift bezügl. des Titels *pater patriae* 35
CYRENAE, durch A. wiedergewonnen 27
DACI, werden durch ein Heer des A. besiegt 30
DANUVIUS FL., Donau, Grenze des röm. Illyricum, von den Dakern überschritten 30
DALMATAE, Volk in Illyricum, Rückgabe der Feldzeichen 29
DIVUS IULIUS, Tempel von A. erbaut 19, Weihgeschenke 21
DUMNOBELLAUNUS, Britannenfürst 32
EUDAEMON, s. Arabia E.
FABIUS MAXIMUS (PAULLUS), cos. (II v.) 6
Q. FABRICIUS, cos. (2 v.) 16
FLAMINIA, s. via F.
FLAMINIUS, s. circus F.
FORTUNA REDUX, s. ara Fortunae Reducis
FORUM AUGUSTUM 21, *vgl. B 46*, Inschrift *pater patriae* 35
FORUM IULIUM, von A. fertiggestellt 20

C. Furnius, cos. (17 v.) 22
Gades, heute Cadiz 26
Gallia, Rückkehr aus 12, Feldzeichen wiedererlangt 29
Gallia Narbonensis, Veteranensiedlungen dort gegründet 28
Galliae provinciae, legen Eid auf A. ab 25, befriedet 26
Germani, bitten durch Gesandte um Freundschaft 26
Germania, befriedet 26, *vgl. B. 53*
Hadrianum mare, Adria 26, 27
Hiberi, Steppenvolk im heutigen Georgien 31
A. Hirtius, cos. (43 v.) I, *vgl. B 6*
Hispania, s. Gallia; utraque H. 28
Hispaniae provinciae, s. Galliae pr.
Honos, Tempel des 11
Ianus Quirinus, Schließung des Tempels dreimal angeordnet 13,
    vgl. 28, 29, 67
Illyricum, Gebiet bis zur Donau erweitert 30
India, Gesandte der dortigen Könige 31, *vgl. B 69*
Italia, ganz I. kommt nach Rom 10, A. zahlt Ablösesumme für
    dortige Grundstücke 16, I. legt den Eid auf ihn ab 25, A. grün-
    det Städte 28, *vgl. B 63*, der Partherkönig schickt zu A. dorthin
    seine Kinder 32, *vgl. B 72, 74*
Iuno Regina, Tempel auf dem Aventin 19
Iuppiter Feretrius, Tempel auf dem Capitol 19
        Tonans, Tempel auf dem Capitol 19
        Libertas, Tempel auf dem Aventin 19
Iuventas, Tempel auf dem Palatin 19
D. Laelius, cos. (6 v.) 16
Lares, Tempel an der via Sacra 19
Cn. Lentulus, cos. (18 v.) 6, 18
L. Lentulus, cos. (3 v.) 16
P. Lentulus, cos. (18 v.) 6, 18
Cn. Lentulus Augur, cos. (14 v.) 16
M. Lepidus, cos. (6 n.) 17
Q. Lucretius, cos. (19 v.) 6, 11, zieht A. entgegen 12
Lupercal, von A. erbaut 19
Macedonia, Provinz 28
Maelo, König der Sugambrer 32, *vgl. B 70, 71*
Magna Mater, Tempel der 19, *vgl. B 39*
M. Marcellus, cos. (22 v.) 5, Schwiegersohn des A., Theater nach
    ihm benannt 21
Marcomani, zur Völkerfamilie der Sueben gehörend 32
Mariba, Stadt in Arabien im Gebiet der Sabäer 26
Mars Ultor, Tempel auf dem Augustusforum 21, *vgl. B 45*, Weih-
    geschenke dort hinterlegt 21, die Feldzeichen 29
Martiales ludi, Spiele durch A. veranstaltet 22

MARTIUS CAMPUS, ara Pacis dort errichtet 12
MEDI, Bewohner der Landschaft Atropatene im nördlichen Iran
27, 31, 32, erbitten einen König von A. 33
MEROË, alte Königsstadt von Äthiopien 26
M. MESSALA, cos. (3 v.) 16
MINERVA, Tempel auf dem Aventin 19
MINUCIUS PONS, s. pons M.
MULVIUS PONS, s. pons M.
NABATA, äthiopische Stadt bei Meroë 26
TI. NERO, cos. (13 v.) 12, cos. (7 v.) 16 setzt Tigranes als König von
Armenien ein 27, Stiefsohn und Oberbefehlshaber des A. in
Pannonien 30, vgl. auch Tib. Caesar
OCEANUS 26
OCTAVIA PORTICUS, s. porticus O.
ORODES, Partherkönig, Vater Phraates IV. 32, 33
PALATIUM, Tempel dort errichtet 19
PANNONI, Völker zwischen Adria und Donau, unter A. erstmals
angegriffen 30
C. PANSA, cos. (43 v.) I, vgl. B 6
PARTHI, Könige der 32, geben die Feldzeichen zurück 29, vgl. B 64,
65, 66, erbitten einen König von A. 33, vgl. B 73
L. PASIENUS, cos. (4 v.) 16
PAULLUS FABIUS MAXIMUS, s. Fabius
PAX AUGUSTA, s. ara Pacis
PENATES, Heiligtum auf der Velia 19
PHRATES, (I) Phraates IV., Sohn des Orodes 32, 33, (2) Praataces,
später Praates V., illegitimer Sohn von (I) 32
PISIDIA, Landschaft in Kleinasien 28
CN. PISO, cos. (7 v.) 16
POMPEIUM THEATRUM, durch A. wiederhergestellt 20
SEX. POMPEIUS, cos. (14 n.) 8
PONS MINUCIUS 20
     MULVIUS 20
PORTICUS OCTAVIA, beim circus Flaminius 19
PORTA CAPENA 11
P. QUINTILIUS, cos. (13 v.) 12
QUIRINUS, Heiligtum des 19, vgl. auch Ianus Q.
RHENUS FL., Rhein 26
ROMA, Standort der Originalabschrift der Res gestae Überschrift
viele Menschen in R. bei der Wahl des A. zum pontifex maximus
10, Rückkehr des A. nach R. 12
ROMANA, plebs 15
ROMANUS, populus Überschrift, 6, 13, 14, 26, 32, 34
SABAEI, Volk in Arabien 26
SACRA VIA, s. via S.

SALIARE CARMEN, Name des Augustus in dieses eingeschlossen 10
SARDINIA, Eid auf A. 25, Rückgewinnung 27
SARMATAE, Völkerschaft am Don 31
SATURNUS, Tempel des 20
SCYTHAE, südrussisches Steppenvolk 31
SEMNONES, german. Völkerschaft 26
SICILIA, s. Sardinia; Städte dort gegründet 28
C. SILANUS, cos. (17 v.) 22
SUEBI, german. Völkerschaft, s. Marcomani
SUGAMBRI, german. Stamm unter König Maelo 32, *vgl. 70, 71*
P. SULPICIUS, cos. (12 v.) 10
SYRIA, Provinz, Rückkehr aus 11, Städtegründungen 28
TANAIS FL., Don 31
TIBERIS FL., Tiber 23
TIGRANES, Name mehrerer Könige von Armenien, (1) Tigranes I.,
    (2) Tigranes II., Enkel von (1), Bruder des Artaxes, (3) Tigranes
    IV., ein Enkel Herodes d. Gr. 27
TINCOMMIUS, Britannenfürst, floh zu den Römern 32
TIRIDATES, König der Parther, floh zu den Römern 32
Q. TUBERO, cos. (11 v.) 6
TUSCUM MARE, Tyrrhenisches Meer 26
C. VALGIUS, cos. (12 v.) 10
VELIA, Erhebung der via Sacra beim Titusbogen 19
VESTA, A. legt im Heiligtum der V. Weihgeschenke nieder 21
VESTALES VIRGINES 11, 12
VIA FLAMINIA, Straße von Rom bis Ariminum, durch A. wieder-
    hergestellt 20, *vgl. B 43, 44*
VIA SACRA, Straße über das Forum zum Kapitol 19
M. VINICIUS, cos. (19 v.) 6, 11
VIRTUS, Tempel der 11
VONONES, Partherkönig, Sohn Phraates IV. 33, *vgl. B 73*
...RUS, Markomannenfürst, floh zu den Römern 32